ARBEITSGEMEINSCHAFT FÜR FORSCHUNG
DES LANDES NORDRHEIN-WESTFALEN

GEISTESWISSENSCHAFTEN

54. Sitzung
am 29. Januar 1958
in Düsseldorf

AF741097

ARBEITSGEMEINSCHAFT FÜR FORSCHUNG
DES LANDES NORDRHEIN-WESTFALEN

GEISTESWISSENSCHAFTEN

HEFT 79

Paul Gieseke

Eigentum und Grundwasser

SPRINGER FACHMEDIEN WIESBADEN

ISBN 978-3-322-98142-4 ISBN 978-3-322-98807-2 (eBook)
DOI 10.1007/978-3-322-98807-2

© 1959 Springer Fachmedien Wiesbaden
Ursprünglich erschienen bei Westdeutscher Verlag, Koln und Opladen 1959

Eigentum und Grundwasser

Von Professor Dr. jur. *Paul Gieseke*, Bad Godesberg

Ich muß Ihre Aufmerksamkeit auf ein Thema lenken, das, wie es scheint, nur abstrakt-juristisch ist. Ich werde mich aber bemühen, Ihnen zu zeigen, daß das nicht der Fall ist. Dem Streit um abstrakte Begriffe liegen sehr reale Probleme des Lebens zugrunde.

Der Hydrologe kann – und muß! – eine Definition des Grundwassers geben. Sogar in einer DIN-Norm ist sein Begriff schon festgelegt. Dem Juristen ist es nur insofern interessant, als Interessenkonflikte auftreten. Dafür macht es nichts aus, ob er vom Wasser unter der Erdoberfläche, vom Grundwasser oder vom unterirdischen Wasser spricht; die feinen Unterschiede der exakten Wissenschaft kann er außer acht lassen.

Weil der Jurist von den Interessenkonflikten ausgeht, ist das Grundwasser als solches erst sehr spät in sein Blickfeld gelangt. Das, und nicht die Unkenntnis der hydrologischen Zusammenhänge, ist der eigentliche Grund, daß er sich mit der Quelle und dem Brunnen schon sehr früh befaßt hat, das Grundwasser aber erst im 19. Jahrhundert in den Gesetzen auftaucht. Was es bedeutet, einem andern das Wasser seiner Quelle oder seines Brunnens abzugraben, ist so altbekannt, daß es sprichwörtlich ist, – „Grundwasser stehlen“ ist erst die Ausdrucksweise eines zeitgenössischen Schriftstellers. Neben Quellen und Brunnen ist in späterer Zeit besonders das Grubenwasser Gegenstand des juristischen Interesses geworden. Darauf einzugehen, würde uns aber auf ein Gebiet führen, das von besonderen Gedanken beherrscht wird, das Bergrecht. Aus ähnlichen Gründen will ich nicht die speziell nutzbaren Quellen, Mineral- und Salzquellen, behandeln.

Streitigkeiten um Quellen und Brunnen sind schon aus sehr früher Zeit überliefert. Im Ersten Buch Mose (26. Kap. Vers 19–22) wird erzählt, wie Isaak Brunnen graben wollte. Aber zweimal stieß er auf den Widerspruch der Nachbarn, die erklärten „das Wasser ist unser“, so daß er sein Vorhaben aufgab. Erst bei einem dritten Versuch konnte er den Brunnen widerspruchslos anlegen. Hier taucht der Gedanke des Eigentums also bereits auf. Nicht um der Rechtsfrage willen wird das natürlich erzählt, sondern anscheinend, um zu zeigen, wie friedlich Isaak gewesen sei, daß er trotz unbegründeten Widerspruchs den Nachbarn nachgegeben und immer von neuem versucht habe, ohne Eingriff in ihre angeblichen Rechte einen Brunnen zu graben. Es wäre zweifellos interessant, das orientalische Brunnenrecht weiter zu verfolgen. Die große Bedeutung, die ein Brunnen in der Wüste für den Menschen und seine Tiere hat, hat manchmal zu dem Rechtssatz geführt, daß der Besitzer eines Brunnens auch andere unter gewissen Voraussetzungen zu seiner Benutzung zulassen muß; sein Eigentum enthält also auch Verpflichtungen gegenüber andern. Der Besitzstand wird häufig nur wenig geschützt. Nach dem Mischnatraktak braucht, wer einen neuen Brunnen anlegen will, nur zwei Hände breit von der Grenze des Grundstücks Abstand zu halten. Das ist aber überhaupt keine Entfernung, um die Wassergewinnung des Nachbarn als solche zu schützen, sie kann höchstens dazu dienen, die Brunnenanlage davor zu schützen, daß die Wände ihren Halt verlieren.

Von der größten Bedeutung für die weitere Entwicklung ist der Standpunkt gewesen, den das römische Recht für Quellen und Brunnen eingenommen hat. Die aqua viva einer Quelle wurde anders als die aqua profluens des Flusses nicht als res omnium communis angesehen, sondern gehört nach einem Ausspruch des großen Juristen Ulpian als „portio agri" zum Eigentum des Grundstückseigentümers. Die Anwendung des Satzes: qui suo iure utitur, neminem laedit führte dann weiter dazu, daß dieser das Recht hatte, auf seinem Boden einen Brunnen zu graben, selbst wenn er dadurch der Quelle oder dem Brunnen des Nachbarn das Wasser entzog. Nur durfte das nicht aus Schikane geschehen, d. h. nur zu dem Zwecke, dem andern Schaden zuzufügen. Die strenge Durchführung des Herrschaftsgedankens ist auch sonst für das römische Recht charakteristisch. Seine Anwendung auf das unterirdische Wasser soll sich daraus erklären, daß das römische Agrarrecht von den Verhältnissen Latiums ausgegangen sei, wo es infolge der Grundwasserhöffigkeit des Bodens keine Schwierigkeiten gemacht habe, anstelle eines versiegten Brunnens jederzeit einen neuen anzulegen.

Das römische Recht ist bekanntlich in Deutschland rezipiert worden und damit sind diese Rechtssätze auch hier zur Geltung gekommen. Ja, sie gelten zum Teil noch heute! Denn, soweit es sich um das Wasser handelt, ist das „Gemeine Recht" nicht durch das Recht des Bürgerlichen Gesetzbuchs abgelöst worden. Die Gesetzgebung über das Wasserrecht ist bei den Ländern verblieben und diese (d. h. die Länder vor 1945) haben davon nicht sämtlich Gebrauch gemacht. So gibt es auch heute noch einzelne Gebiete, in denen das Verfügungsrecht des Grundstückseigentümers über das Grundwasser nur durch das Verbot der Schikane beschränkt ist.

Im allgemeinen ist die Rechtsentwicklung in Deutschland aber nicht stehen geblieben. Den Anfang machten (wofür schon mittelalterliche italienische Stadtrechte Beispiele geboten hatten) Vorschriften, wonach Brunnen nur in einem bestimmten Abstand von der Grundstücksgrenze angelegt werden durften. Sie finden sich z. B. in einer württembergischen Bauordnung vom Ende des 17. Jahrhunderts und im preußischen Allgemeinen Landrecht von 1794. Eine mehr oder weniger weitgehende Neuregelung hat das Grundwasserrecht dann – um Jahrhunderte zu überspringen – in den Wassergesetzen der Länder gefunden, die am Beginn dieses Jahrhunderts im Zusammenhang mit dem Inkrafttreten des Bürgerlichen Gesetzbuchs erlassen worden sind. Zu ihrer Würdigung mag zunächst festgestellt werden, vor welchen Problemen hinsichtlich des Grundwassers die damaligen Gesetzgeber standen. Die Wassergesetze weichen übrigens gerade hinsichtlich des Grundwassers erheblich voneinander ab. Ich muß mich daher in der Hauptsache auf das preußische Recht beschränken.

Die Konflikte um das Grundwasser waren schon damals in den dichter besiedelten und stärker industrialisierten Gegenden Deutschlands zahlreicher und schärfer geworden. Es handelte sich nicht mehr bloß um seine Benutzung für Haus und Hof, sondern auch um die für die Wasserversorgung der Gemeinden, für industrielle Betriebe, die Eisenbahn usw. Wenn auch das Recht des Grundstückseigentümers auf das Grundwasser grundsätzlich beibehalten wurde, so beschränken die Wassergesetze, vor allem das preußische, es doch durch eine Reihe nachbarrechtlicher Bestimmungen im Interesse anderer. Die rigorose gemeinrechtliche Betonung der Eigentümerherrschaft ist also aufgegeben worden.

Ein Problem, das seit Mitte des 19. Jahrhunderts stärker hervortrat, ergab sich dadurch, daß die Wasserversorgung größerer Städte in steigendem Maße das Grundwasser beanspruchte. Dadurch kam sie nicht nur mit andern Grundwasserbenutzern, sondern auch mit Mühlen in Konflikt. In England stammt der erste case, der sich damit befaßte und für die spätere Entwicklung der Rechtsprechung maßgebend gewesen ist, aus dem Jahre 1859. In dieser Entscheidung des House of Lords wurde festgestellt, daß eine Stadtgemeinde, die auf ihren Grundstücken Quellen abfing, bevor ihr Wasser in einen Wasserlauf hineinfloß, der eine Mühle trieb, durchaus im Recht war. Die Begründung ist charakteristisch. Es wurde als „natural right just like to the air we breathe“ bezeichnet, sich auf eigenem Grund und Boden das Wasser anzueignen (nur durfte es nicht in einem defined channel fließen). Dem Eigentum am Grundwasser – nicht etwa der öffentlichen Wasserversorgung – wurde also der Vorrang eingeräumt vor einem Mühlenbetrieb, der schon 60 und mehr Jahre bestanden hatte. Dieselbe Auffassung ist auch in Deutschland vertreten worden, und zwar nicht nur nach Gemeinem Recht, sondern auch später auf Grund der Wassergesetze. Ich habe in einer Zusammenstellung gelesen, daß bei der Anlage der Wasserversorgung der Stadt Schöningen nicht weniger als 13 Mühlen erheblich geschädigt wurden oder zum Erliegen kamen! Die Wassergesetze haben es nicht verstanden, hier eine der Interessenlage gerecht werdende Regelung zu treffen. Das preußische Wassergesetz hat zwar eine Bestimmung, wonach der Wasserstand eines Flusses oder Baches nicht derart verändert werden darf, daß andere in der Ausübung ihrer Rechte beeinträchtigt werden; sie reicht aber nicht aus.

Ein anderer Hauptpunkt für die Reform des Wasserrechts am Ende des 19. Jahrhunderts, Verhinderung der Verschmutzung der Gewässer, betraf weniger das Grundwasser als die Flüsse. Künftig beginnende Abwassereinleitungen in Wasserläufe sollten nach dem preußischen Wassergesetz einer Unschädlichkeitsbescheinigung oder einer Verleihung bedürfen. Schon bestehende Einleitungen – es handelte sich gerade um kommunale Abwässer – sollten nicht unzulässig werden, wenn sie sich im Rahmen des Gemeinüblichen hielten. (Das hing damit zusammen, daß nach den Entscheidungen des Reichsgerichts der Fluß als der natürliche Rezipient für Abwässer angesehen wurde, die in seinem Einzugsgebiet entstanden.) Die Einbringung oder Einleitung von Stoffen in den Boden, durch die zum Nachteil anderer (!) das Grundwasser verunreinigt wurde, ist unzulässig. Jedoch kann ein Recht dazu durch Verleihung erlangt werden.

Diese Probleme zeigen schon, daß die Benutzung des Grundwassers über die privaten Interessen hinauswächst und zum Gegenstand des öffentlichen Interesses wird. Private Interessenkonflikte zu lösen, ist Gegenstand des Privatrechts und Aufgabe der Gerichte. Die Durchsetzung des öffentlichen Interesses gehört dem Verwaltungsrecht an. In welcher Weise werden die Gesetze dem Nebeneinander gerecht?

Nehmen wir das preußische Wassergesetz, so ist festzustellen, daß es die beiden möglichen Lösungen in einer eigenartigen Mischung enthält. Wie sich aus dem Gesagten ergibt, muß mehr Rücksicht als früher auf den Nachbarn genommen werden, insbesondere beim Entzug oder der Verunreinigung von Grundwasser. Nachbarrechtliche Beschränkungen sind grundsätzlich privatrechtlich; sie ermächtigen denjenigen, der beeinträchtigt ist, die Unterlassung einer Einwirkung oder Schadensersatz zu fordern. Das gilt grundsätzlich auch für das Grundwasser. Aber wenn es für Zwecke benutzt wird, die dem öffentlichen Wohl dienen (z. B. die Wasserversorgung), nimmt das Wassergesetz, was es mit der einen Hand gibt, mit der anderen. Dann ist nämlich keine Unterlassungsklage zulässig! Im übrigen bleibt es dem Geschädigten überlassen, auf Unterlassung oder Schadensersatz zu klagen. Nur muß er nachweisen, daß ein ursächlicher Zusammenhang zwischen den Einwirkungen eines andern auf das Grundwasser und seinem Schaden gegeben ist. Das kann schwierig sein, zumal dann, wenn nicht nur einer, sondern mehrere Benutzer des Grundwassers in Betracht kommen. Aber das ändert nichts an der privatrechtlichen, eigentumsorientierten Regelung des Wassergesetzes.

Welche Vorschriften enthält dieses nun, um im öffentlichen Interesse dafür zu sorgen, daß die Benutzung des unterirdischen Wassers ordnungsmäßig erfolgt, daß nicht eine Überbeanspruchung stattfindet, daß für die jetzigen und künftigen Bedürfnisse der Wasserversorgung das nötige Wasser vorhanden ist? An den Oberflächengewässern hat die Wasserpolizeibehörde (jetzt Wasseraufsichtsbehörde) über die sonstigen Aufgaben der „Polizei" hinaus für Ordnung zu sorgen. Sie kann jede Benutzung beschränken oder untersagen, soweit nicht ein Recht dazu besteht. Aber beim Grundwasser ist das nicht der Fall. Nur zwei Bestimmungen behandeln hier Befugnisse von Verwaltungsbehörden. Die besonders ausgedehnte Inanspruchnahme des Grundwassers durch die kommunale Wasserversorgung hat zu der Bestimmung geführt, daß jeder, der Grundwasser über die Grenzen seines Grundbesitzes fortleiten will, der polizeilichen Genehmigung bedarf. Das ist angeordnet worden, weil die Inanspruchnahme besonders großer Mengen Wasser und das Ausmaß der Schäden, die vielleicht zu erwarten sind, eine Gefahr für die öffentliche Ordnung herbeiführen können. Daher die Einschaltung der „Polizei", d. h. der allgemeinen ordnungsbehördlichen Aufsicht. Aber damit ist keine eigentliche Aufsicht über das Grundwasser ermöglicht. Es ist wohl kein Zweifel, daß hier etwas versäumt worden ist.

Die zweite Bestimmung besagt, daß die Benutzung von Grundwasser, z. B. seine Förderung, die Einleitung von Abwässern in den Boden, das Aufstauen eines Grundwasserstromes, Gegenstand der Verleihung sein können. Sie *können* es sein. Es ist also nicht so wie bei den Wasserläufen, bei denen jeder, der sie über den gesetzlich zugelassenen Eigentümergebrauch hinaus benutzen will, eine Verleihung haben *muß*. Die Verleihung ist beim Grundwasser also nur fakultativ. Außer dem Fall der Fortleitung über die Grundstücksgrenzen gibt es nach dem preußischen Wassergesetz keine Vorkontrolle über die Benutzung des unterirdischen Wassers. Die Folge ist, daß in zahlreichen Fällen industrielle Unternehmungen große Mengen unterirdischen Wassers ohne Verleihung für ihre Fabrikationszwecke benutzen, z. B. Brauereien oder Lebensmittelfabriken (beide müssen ein besonders reines Wasser haben, wie es nur im Untergrund vorhanden ist), aber auch andere industrielle Unternehmungen.

Besser ist es um die Wahrung der öffentlichen Interessen in anderen Wasserrechtsgebieten bestellt. In Bayern und Baden muß vorher eine Genehmigung eingeholt werden, wenn Grundwasser gefördert werden soll. In Württemberg hat man einen anderen Weg gewählt. Zunächst kann zwar jeder Grundwasser auf seinem Grundstück fördern. Aber wenn ein öffentliches Interesse besteht, so kann die Behörde es nachträglich untersagen. Der Begriff des öffentlichen Interesses ist hier sehr weit gefaßt; auch die Bedeutung für ein einzelnes Unternehmen kann unter Umständen dafür mit herangezogen werden.

Die Beschränkung der Benutzung des Grundwassers ist naturgemäß ein Problem, das nicht nur bei uns in Deutschland besteht, sondern auch in anderen Ländern, z. B. in der Schweiz. Dort hat man eine Lösung in der Weise versucht, daß man Grundwasserströme von einer gewissen Ergiebigkeit ab zum öffentlichen Gut erklärt hat, während das übrige Grundwasser im Privateigentum verblieben ist. Das gilt aber nicht in der ganzen Schweiz, sondern nur in gewissen Kantonen. Denn in der Schweiz ist es wie bei uns, das Wasserrecht ist im allgemeinen kantonale Angelegenheit, wie es bei uns Länderangelegenheit ist. Erst in jüngster Zeit hat man, um wenigstens die Reinhaltung der Gewässer für das ganze Land zu ermöglichen, ein Bundesgesetz gegen die Verschmutzung erlassen.

Über England habe ich bereits gesprochen. Daß das Grundwasser dem Grundstückseigentümer gehört, gilt auch in Frankreich, ebenso im übrigen Mittel- und Westeuropa. Auf die völlig abweichende Auffassung des kommunistischen Rechts kann ich hier nicht eingehen. In der Sowjetzone sind seltsamerweise die alten Landesgesetze (preußisches, sächsisches, thüringisches, mecklenburgisches Wassergesetz) nicht aufgehoben worden. Ihre Weitergeltung ist ungeklärt.

Lassen Sie mich nun von den um die Jahrhundertwende erlassenen, aber heute noch geltenden deutschen Wassergesetzen zu den Gegenwartsproblemen des Grundwassers kommen. Paßt der Eigentumsgedanke noch dafür? Kommen wir mit der privatrechtlichen Gestaltung des Grundwasserrechts noch aus? Natürlich meine ich „Eigentum“ hier nicht mehr im Sinne des römischen und des Gemeinen Rechts, sondern als ein Eigentum mit sozialer Gebundenheit, wie wir es heute auch sonst verstehen. Man kann sagen, daß die Landeswassergesetze bereits erste, teilweise etwas zaghafte Versuche enthalten, die Machtfülle des Eigentümers zu verringern und das Eigentum den Bedürfnissen der Allgemeinheit anzunähern. Nur sind diese Versuche gerade beim Grundwasser schwächer als bei den Oberflächengewässern.

Die heutige Grundwasserwirtschaft wird vor allem dadurch charakterisiert, daß der Bedarf an Wasser sich in gewaltigem Ausmaß gesteigert hat und daß dafür gerade die Grundwasservorkommen in Anspruch genommen werden, teils weil die Oberflächengewässer quantitativ nicht mehr ausreichen, teils weil das Grundwasser, das meist keimfrei ist, für bestimmte Zwecke, insbesondere die Wasserversorgung der Bevölkerung besser geeignet ist. So kämpfen vor allem Wasserversorgung und Industrie um das Grundwasser, während die Landwirtschaft vielleicht mehr an der Benutzung der Wasserläufe (für Beregnung und Berieselung) interessiert ist.

Der Deckung des gesteigerten Bedarfs dienen gegen früher veränderte technische Verfahren der Wassergewinnung. Natürlich ist es auch heute noch ein Rechtsproblem, daß nicht der einzelne seinem Nachbarn das Wasser abgräbt, aber die heutigen Verfahren steigern die Einwirkungen, denen andere ausgesetzt sein können, so sehr, daß die Frage zurücktritt, welche Ansprüche sie erheben können. Eine moderne Wassergewinnungsanlage für eine Großstadt oder ein großes industrielles Werk arbeitet nicht mit einzelnen Brunnen, sondern mit ganzen Brunnengalerien. Sie pumpt nicht bloß aus einfachen Vertikalbrunnen das Wasser heraus, sondern von diesen gehen in der Tiefe 6 oder 8 horizontale durchbohrte Brunnenrohre nach allen Seiten, vielleicht in Längen von mehreren 100 Metern. Ohne weiteres leuchtet ein, wie sehr dadurch die Gewinnungsmöglichkeit gesteigert ist, aber auch möglicherweise andern Wasser entzogen wird. Brunnen werden schließlich heute bis in Tiefen von mehreren hundert Metern gebohrt, um in Grundwasser führende Schichten zu gelangen, – was früher vielleicht technisch möglich, aber nicht wirtschaftlich gewesen wäre.

Ein Problem, das früher gleichfalls noch keine so große Bedeutung hatte, ist die Grundwasserbeseitigung. Schon früher spielte es natürlich eine Rolle, ob eine Dränage oder eine Melioration unerwünschte Wirkungen in einem größeren Umkreis hatte; daß die Benutzung anderer Grundstücke dadurch nicht beeinträchtigt werden darf, sprechen schon die Wassergesetze aus. Unter einem andern Gesichtspunkt erschien das Problem aber, als für Berliner Großbauten (S-Bahn, Reichsbank) zur Ermöglichung der Arbeiten das Grundwasser weggepumpt wurde und als Folge in einem weiten Umkreis Häuser ihre Stütze verloren, weil die Pfahlroste faulten, auf denen sie standen. Das war im Wassergesetz nicht geregelt! Eine Bestimmung des Bürgerlichen Gesetzbuches mußte schließlich helfen. Noch viel gewaltiger wird die Einwirkung auf die Verhältnisse eines ganzen Landstrichs sein, wenn die Grundwasserbeseitigung im Braunkohlenrevier durchgeführt wird. Ich brauche Ihnen keine Zahlen zu nennen; Sie haben sie vorher ja gehört*. Daß man hier den Weg der privatrechtlichen Regelung durch eine Verbandsbildung ersetzen will, ist gleichfalls bekannt. (Übrigens hat man seinerzeit auch in Berlin an einen Verband gedacht.)

Zu der Gefahr der Verunreinigung unserer Flüsse ist neuerdings die der wachsenden Verunreinigung des Grundwassers gekommen. Eine bakterielle Verseuchung ist allerdings, wie ich schon sagte, nicht so zu befürchten wie beim Oberflächenwasser. Die menschlichen Abgänge, die in eine gemeindliche Kanalisation gehen, gelangen meist in die Flüsse. Man kommt schon wegen der Kosten nicht auf den Gedanken, kommunale Abwässer in den Boden zu versenken. Bei häuslichen Sickergruben werden immer mehr Kleinkläranlagen vorgeschrieben.

Dagegen wächst die Gefahr anorganischer Verschmutzung. Da ist zum Beispiel die Öltankanlage, nicht nur die für Tankstellen und industrielle Betriebe, sondern auch die für die Heizung unserer Häuser. Wie leicht kann es vorkommen, daß Undichtigkeiten auftreten und Öl in den Boden versikkert und das Grundwasser unbrauchbar macht. Das ist keine Gefahr, die man nur an die Wand malt, sondern sie ist bei einer großen Zahl solcher Anlagen akut. In Zürich hat man deshalb angeordnet, daß jeder Öltank in einer besonderen undurchlässigen Wanne liegen müsse. Als man das auch in einer Stadt in Deutschland vorschreiben wollte, haben die Grundeigentümer dagegen eingewendet, daß sie einen solchen Eingriff in ihr Eigentum nicht zu dulden brauchten. Die Gefahr einer Verunreinigung des Grundwassers be-

* Hier wird auf den Vortrag von Herrn Professor Dr. H. Heimann, Haifa, „Bewässerung der Wüsten und Halbwüsten mit salzhaltigen Grundwässern, im Lichte des Kalium-Natrium-Antagonismus", Bezug genommen. Der Vortrag wurde ebenfalls auf der 54. Sitzung der Arbeitsgemeinschaft für Forschung des Landes Nordrhein-Westfalen gehalten und wird in der naturwissenschaftlichen Schriftenreihe veröffentlicht.

steht auch bei Explosionen. Die bei Bitburg hat sich allerdings anscheinend in dieser Richtung nicht nachteilig ausgewirkt. Es ist freilich nicht ausgeschlossen, daß noch nach einer Reihe von Jahren Folgen eintreten werden. Wir kennen Fälle solcher Spätwirkungen, zum Beispiel den eines Treibstofflagers aus dem ersten Weltkrieg, dessen Einwirkungen auf das Grundwasser noch vor kurzem festgestellt wurden. Die Gefährdungen der Wassergewinnung von Versorgungsunternehmen durch Treibstofflager der Besatzungstruppen (Trier, Baden-Baden) sind bekannt.

Wie weit Verunreinigungen reichen können, zeigt das Beispiel der Versenkung von Kaliabwässern. In einem Fall war diese in solche Tiefen geschehen, daß sie nach der geologischen Formation ungefährlich sein mußte. Aber in vielen Kilometern Entfernung sproß nach mehreren Jahren eine üppige Salzflora auf, so daß man feststellen konnte, daß die Kaliabwässer hier den Boden bis zur Oberfläche durchdrungen hatten.

Nicht nur Flüssigkeiten können das Grundwasser gefährden. Wir leiten Gas in großen Fernleitungen fort. Wir speichern es auch unterirdisch. Das ist aus den Vereinigten Staaten bereits bekannt. Dort speichert man Gas in Räumen, die früher Erdgas enthalten hatten. Wir besitzen solche Räume nicht. Aber es ist möglich, dadurch Speicherraum zu gewinnen, daß das unter starkem Druck unter undurchlässigen Deckschichten eingeleitete Gas das Wasser zurückdrängt. Nimmt dieses Wasser dabei, wie behauptet wird, Bestandteile des Gases auf? Das wird man wohl erst einwandfrei beantworten können, wenn längere Erfahrungen vorliegen.

Eine andere Gefahr ist vorhin schon von Herrn Heimann erwähnt worden, die der Versalzung des Grundwassers durch nachdrängendes Meerwasser. Wenn das süße Grundwasser für die Wasserversorgung weggepumpt wird, drückt das schwerere Seewasser nach. Das Süßwasser schwimmt nämlich auf dem Salzwasser. Das ist nicht nur in Israel der Fall, sondern auch bei uns im nördlichen Europa auf den ostfriesischen Inseln oder in Holland, hier vor allem deshalb, weil die holländischen Städte infolge der Verschmutzung des Rheins in stärkerem Maße als früher auf das Dünengrundwasser angewiesen sind. Schließlich wird es auch von Kalifornien berichtet.

Ein Problem, das heute noch nicht genügend erwähnt wurde, aber doch besonders betont werden sollte, ist die Gefahr der Verunreinigung des Grundwassers durch Atomreaktoren und Atommüll. Wir sind nicht in der glücklichen Lage wie die Amerikaner, die den Atommüll 4000 oder 5000 Meter tief ins Meer versenken können. Die Nordsee ist ja gegenüber dem Atlantischen Ozean nur ein flacher Tümpel. Wir wissen also tatsächlich noch nicht, wohin wir mit dem Atommüll gehen sollen. Vielleicht muß dafür ein besonderes Reservoir gebaut werden. Hoffentlich können wir uns auf dessen Dichte verlassen.

Die Atomreaktoren werden ungeheure Mengen Wasser verbrauchen, daher gerade in Gegenden gelegt werden, die man sonst zur Befriedigung des Wasserbedarfs von Industrie und Versorgung besonders gut gebrauchen könnte. Aber nicht davon, sondern von der möglichen Verunreinigung des Grundwassers soll hier gesprochen werden. Sie kann einmal durch radioaktive Abwässer erfolgen. Die Ableitung der Abwässer – die natürlich ausreichend gereinigt sein müssen – wird aber in erster Linie nicht in das Grundwasser, sondern in Wasserläufe erfolgen. Eine andere Frage ist die unmittelbare physikalische Beeinflussung des Grundwassers.

Wir haben schon heute bei Hochöfen die Erscheinung, daß das Grundwasser in ihrer Nähe stark erwärmt wird. Das ist aus verschiedenen Gründen unerwünscht, ja sogar schädlich. Es ist zu befürchten, daß dieselbe Erscheinung bei den Reaktorbetrieben vielleicht sogar in noch stärkerem Maße auftritt. Es muß ferner verhindert werden, daß eine Strahlung aus dem Reaktorbetrieb das Grundwasser trifft und die darin gelösten Substanzen radioaktiv macht. Ich erwähne diese Dinge nicht, um zu zeigen, wie gefährlich ein Reaktorbetrieb ist, sondern aus einem anderen Grund. Im Rahmen meines Themas will ich vielmehr erneut fragen: Ist es heute noch zeitgemäß, daß die Benutzung des Grundwassers und die Einwirkungen dadurch nur durch die sich aus dem Eigentum ergebenden Befugnisse und Schranken geregelt werden, selbst dann, wenn man von einem sozialgebundenen Eigentum ausgeht?

Wir haben vor kurzem, wie Sie wissen, das neue Wasserhaushaltsgesetz bekommen, freilich nur ein Rahmengesetz des Bundes, das noch der Ausfüllung durch die Länder bedarf. Schon das Bundesgesetz enthält immerhin eine Reihe von wichtigen Bestimmungen für das Grundwasser. Mit Rücksicht auf die vorgerückte Zeit will ich davon nur zwei erwähnen. Die wichtigste, gerade zum Unterschied von der früheren preußischen Regelung, ist, daß jede größere Benutzung des Grundwassers unter eine Vorkontrolle gestellt werden soll. Es kann entweder eine widerrufliche Erlaubnis dafür erteilt werden oder eine „Bewilligung“, die nur wegen erheblicher Beeinträchtigung des Gemeinwohls und nur gegen Entschädigung zurückgenommen werden kann. Die Bewilligung darf nur erteilt werden, wenn dem Unternehmer die Durchführung seines Vorhabens ohne eine gesicherte Rechtsstellung nicht zugemutet werden kann. Nur sie gewährt ihrem Inhaber ein *Recht* zur Benutzung. Auch das Wasserhaushaltsgesetz gibt die Bedeutung des Eigentums für das Grundwasser nicht auf. Aber die ihm innewohnende Herrschaft kann nicht ohne die staatliche Ermächtigung ausgeübt werden.

Vor allem dem Schutz des Grundwassers dient die Bestimmung, daß Wasserschutzgebiete ausgewiesen werden können (allerdings sind sie auch für Oberflächengewässer möglich). Soweit das Wohl der Allgemeinheit es erfordert, Gewässer im Interesse der öffentlichen Wasserversorgung vor nachteiligen Einwirkungen zu schützen oder das Grundwasser anzureichern, sind sie vorgesehen (ein dritter Zweck interessiert hier nicht). In diesen Gebieten können bestimmte Handlungen verboten oder für nur beschränkt zulässig erklärt und die Eigentümer und Nutzungsberechtigten von Grundstücken zur Duldung bestimmter Maßnahmen verpflichtet werden. Auch hier also eine starke Beschränkung des Grundstückseigentums, wenn auch in anderer Richtung. Das machte es erforderlich, daß nur aus Gründen des Gemeinwohls Wasserschutzgebiete ausgewiesen werden können. Daß der Eigentümer des Grundstücks bestimmte Handlungen, die das Wasser schädigen könnten, nicht mehr vornehmen darf, mußte nach der Bestimmung des Grundgesetzes von dem Wohl der Allgemeinheit abhängig gemacht werden, weil man darin eine Enteignung sehen könnte.

Sie wissen vielleicht, daß das Wasserhaushaltsgesetz nach lebhaften Kämpfen fast einstimmig angenommen wurde. Das bedeutet also, daß der Bundestag glaubte, daß mindestens diese Forderungen gerechtfertigt seien und daß sich auch diejenigen, die zunächst Widerspruch erhoben hatten, damit abfanden. Es enthebt uns nicht der Prüfung, ob diese Vorschriften des Wasserhaushaltsgesetzes wirklich für die Zukunft ausreichen.

Soll man, so ist nochmals zu fragen, an der Konstruktion des Eigentums am Grundwasser festhalten oder soll man für das Grundwasserrecht andere Wege einschlagen? Das Eigentum ist im Grundgesetz gewährleistet, aber nur als sozial gebundenes Eigentum. Es ergibt sich aus der Natur des Wassers, daß die Bindungen hier weitergehen als bei anderen beweglichen Sachen, ja auch als bei Grundstücken, soweit es sich nicht um das darin enthaltene Wasser handelt. Aus den Bedürfnissen der Volksgemeinschaft heraus würden wir die Bindungen und Beschränkungen sogar noch verstärken können, ohne uns einer Antastung dieses Grundrechts in seinem Wesensgehalt schuldig zu machen. Wir müssen uns darüber klarsein: soziale Gebundenheit des Eigentums kann sehr Verschiedenes bedeuten. Es ist eine „Abkürzung", wie Herr Heimann gesagt hat. Der heutige Stand der Entwicklung ist ein bisher noch nicht völlig geklärtes Neben- und Gegeneinander der immer anzuerkennenden privaten Interessen und der allgemeinen, die immer mehr in den Vordergrund getreten sind und weiterhin treten. Die Formel, auf die wir das Wasserhaushaltsgesetz bringen können, lautet: Beibehaltung des von früher überkommenen Eigentums, aber unter Vorkontrolle, Beaufsichtigung, Einschränkung, Bindung – wie Sie es nennen wollen – im sozialen Interesse der Gesamtheit und in dem der übrigen Nutzer des Wassers. Ist das nun nicht eine Halbheit? Sollte man nicht ruhig dieses Eigentum am Grundwasser, das doch der heutigen Entwicklung nicht mehr in allen Fällen gerecht wird, das vor allem für die Lösung der ganz großen Konflikte nicht mehr ausreicht, aufheben und es in Gemeineigentum überführen? Vor diese Frage wird man sich wahrscheinlich in 50 Jahren oder sogar früher nochmals gestellt sehen. Sie hat heute allerdings noch keine aktuelle Bedeutung für uns, denn es ist nicht anzunehmen, daß der Bundestag das eben verabschiedete Gesetz gleich wieder ändern wird.

Wir müssen das Für und Wider im einzelnen überlegen. Gewiß ist es so, daß in vielen Fällen die Rechte des Grundstückseigentümers nicht mehr den passenden Ausdruck für die rechtliche Situation der Wasserwirtschaft darstellen. Dabei darf allerdings eines nicht übersehen werden: Das moderne Wasserrecht hat neben dem Eigentum als Rechtsgrundlage für die Gewässerbenutzung (auch die des Grundwassers) das Institut der „Verleihung" entwickelt. Diese ermöglicht es nicht nur, einem großen Industriewerk oder einem Wasserversorgungsunternehmen usw. Rechte am Grundwasser einzuräumen, die weit über die des Eigentümers hinausgehen. In dem Verleihungsverfahren ist es auch möglich, von vornherein alle entgegenstehenden Rechte und Interessen zu berücksichtigen, indem schadenverhütende Einrichtungen angeordnet oder eine Entschädigung festgesetzt wird. Diese Funktionen der Verleihung wird die „Bewilligung" des Wasserhaushaltsgesetzes übernehmen. Sie bedeutet zugleich Vorkontrolle im öffentlichen Interesse wie Ausgleich privater Interessen, wie schließlich Schaffung einer gesicherten Rechtsstellung für den Beliehenen. Daneben behält das Eigentum am Grundwasser, gegebenenfalls in Verbindung mit einer Erlaubnis, seine Bedeutung für kleinere und mittlere Benutzungen.

Schließlich sollten wir aus einem letzten Grunde uns diese Frage sehr sorgfältig vorlegen: Kann man die Wirkungen der wasserwirtschaftlichen Maßnahmen auf die weite Zukunft hinaus so sehr übersehen, daß man sich auf die Richtigkeit verwaltungsmäßiger Planung verlassen kann, oder muß man daneben nicht auch der elastischeren Initiative des Einzelnen Spielraum lassen? Sichert ein großer Verwaltungsapparat, wie er für die Gesamtheit aller wasserwirtschaftlichen Maßnahmen nötig wäre, dagegen, daß nachträglich unvorhergesehene Spätschäden auftreten? Wir haben ein warnendes Beispiel von Folgen staatlicher Maßnahmen für das Grundwasser gerade in Deutschland. Der Oberrhein ist in der ersten Hälfte des 19. Jahrhunderts von der badischen Regierung im Einvernehmen mit der französischen begradigt worden. Das ist zunächst immer wieder als Meisterwerk wasserwirtschaftlicher Maßnahmen gepriesen worden, bis man die schwerwiegenden Folgen gesehen hat, die die Senkung des Grundwasserstandes infolge der Begradigung für die badische Landwirtschaft gehabt hat. Dieses Beispiel sollten wir uns immer dafür vor Augen halten, daß wir trotz aller Fortschritte in der Technik des Wasserbaus und der Wasserwirtschaft noch keineswegs die Zukunft beherrschen.

Ich möchte also glauben, daß wir zunächst an der Konstruktion des Eigentums festhalten sollten, obwohl sie gerade theoretisch in mancher Beziehung nicht befriedigt. Sie ist jedenfalls die beste Lösung, die wir uns im Augenblick vorstellen können.

Diskussion

Professor Dr. agr. Hans Braun

Lediglich der Vollständigkeit wegen sei hier darauf hingewiesen, daß eine Verunreinigung des Grundwassers auch als Folge der Bekämpfung von Pflanzenschädlingen mit chemischen Mitteln eintreten kann. Vor einigen Jahren wurde bekannt, daß die Qualität des Wassers der Stadt Basel durch schlechten Geschmack stark beeinträchtigt war. Die Ursache war die Verwendung von chlorierten Kohlenwasserstoffen zur Schädlingsbekämpfung in Gebieten, aus denen die Wasserversorgung von Basel gespeist wurde.

Professor Dr. H. Heimann

Man hat festgestellt, daß es kein besseres Mittel gibt, um die Zitrusfrucht beim Transport vor Verderb zu schützen, als Borax. In den Zitrusplantagen werden die Früchte mit Borax gewaschen. Das Wasser wird weggegossen, und irgendwie kommt es im Laufe der Jahre in den Wasserspiegel. Ich wollte das Beispiel nur anführen, um zu zeigen, wie Engstirnigkeit zu Katastrophen führen kann.

Professor Dr. med. Walter Kikuth

Ich möchte auf eine sehr aktuelle Frage aufmerksam machen. Es ist Ihnen sicherlich bekannt, daß die Absicht besteht, von Wilhelmshaven an den Rhein eine Ölleitung zu legen. Das Öl soll von dort unter hohem Atmosphärendruck nach Süden gepumpt werden. Es ist geplant, die Leitung durch das Ruhrgebiet unterirdisch zu verlegen; dabei muß jedoch in Betracht gezogen werden, daß in diesem Gebiet Bergschäden von erheblichem

Ausmaß an der Tagesordnung sind. Dadurch bedingte eventuelle Leckstellen an der Ölleitung könnten zu einer Verschmutzung des Grundwassers durch Öl führen, die das Wasser für den menschlichen Genuß auf Jahre hinaus unbrauchbar machen würde.

Ministerialdirigent Heinrich Klosterkemper

Es ist eine Gutachterkommission vom Arbeits- und Sozialminister, der in dieser Frage federführend ist, eingesetzt worden, um festzustellen, wie man dieses schwierige Problem löst. Diese Pipe-lines machen der Wasserwirtschaft im Augenblick enorme Sorgen. Wir wissen z. Z. noch nicht, wie wir mit dieser Gefahr in Berggebieten, wo Störungen entstehen können, fertig werden. Die Frage, ob oberirdisch oder unterirdisch, ist sehr schwierig. Ich kann nur sagen, daß das Problem von den Ministerien unter Führung des Sozialministeriums untersucht wird.

Professor Dr. phil. Theodor Kraus

Das Grundwasserrecht ist sehr schwierig, weil „Grundwasser" eine differenzierte Erscheinung ist. Es gibt nicht *ein* Grundwasser, sondern mehrere Stockwerke untereinander, lebende und fossile. Ein Brunnen im obersten Horizont, wenige Meter tief, mag mit dem Grundeigentum leicht zu verbinden sein. Wie aber, wenn fossiles Wasser aus großen Tiefen gewonnen wird; ist dies nicht rechtlich ganz anders zu beurteilen?

Ministerialdirigent Heinrich Klosterkemper

Damit kein Mißverständnis entsteht, möchte ich auf die Ausführungen von Herrn Professor Kikuth zurückkommen. Er sagte, es wäre besser, die Leitung oberirdisch zu verlegen. Das hat auf der anderen Seite nach Ansicht der Sachverständigen zu Bedenken Anlaß gegeben. Es wird auch viel teurer. Das Öl muß geheizt werden. Ich hatte mich zunächst für diese Lösung eingesetzt. Es wurde aber eingewendet, daß man dann leichter an die Leitung herankommen könnte.

(Zuruf: Sabotage!)

Es gibt also verschiedene Momente, die gegen die oberirdische Leitung sprechen. Darüber wird aber von einer gemischt zusammengesetzten Kommission ein Gutachten gemacht.

Prälat Professor D. Dr. Georg Schreiber

Mir hat bei manchen Ausführungen das Herz im Leibe gelacht. Es ist so selten, daß rechtsgeschichtlich eine solche Situation zu Tage tritt. Zwei Pole treten in der Betrachtung hervor: Auf der einen Seite das starre Festhalten am römischen Eigentumsbegriff und auf der anderen Seite das Programm einer mehr realistisch gehaltenen Abwandlung. Das Problem ist vielseitig gelagert. So konnte ich in der Arbeitsgemeinschaft in diesem Raum verschiedentlich über die Geschichte des Bergwerks sprechen. Die Analogie tut sich auf. Wenn Sie die Bergwerksordnungen aufschlagen, so die erste von Trient aus den Jahren 1208, 1214 von dem Fürstbischof Friedrich von Wangen, wenn sie weiter solche Verfassungsurkunden aus dem späten Mittelalter heranziehen, was ergibt sich dann? Wer unter der Erde schürft, wer ein Bergwerk einrichtet, hat ein Recht auf das betriebsnotwendige Wasser; er kann es nehmen, wo er es will. Hier wird eine ernste Sozialfunktion des Wassers angesprochen. Es gibt für das Bergwerk außerdem korrespondierende Entwicklungen. So hat der Gewerke ebenso das Recht auf Holz aus dem Wald. Er konnte da und dort sogar Obstbäume schlagen lassen, nur um das Bergwerk zu halten. Es setzte allerdings in der Schweiz beim Anbruch der Neuzeit eine Reform ein. Der Obstbaum wird dann geschützt. Aber am Grundsatz der Sozialfunktion des Wassers soll in jenen Zeitaltern nicht gerüttelt werden. Woher kommt es nun, daß man diese Verkrustung und Verhärtung des römischen Eigentumsbegriffs überhaupt zurückdrehen und abwandeln kann? Da müssen wir doch etwas tiefer greifen, und dann erkennen wir, daß diese Sozialfunktion von der wirtschaftlichen und genossenschaftlichen Seite her stark ausgelöst ist. Die Gemeinschaftsbildung des Mittelalters schöpft aus den verschiedensten Quellen. So mag man an die *Benediktinerregel* Kapitel 66 erinnern, betitelt De ostiariis monasterii. Es ist eine Selbstverständlichkeit, daß die große Grundherrschaft eines Benediktinerklosters ausreichend Wasser haben muß, ja eine Mühle besitzen muß, also aqua und molendinum, wie das angezogene Kapitel 66 sagt, wenn es diese Stücke unter die necessaria monasterii einbezieht. Das Wasser ist demnach ein beherrschendes Leitmotiv des klösterlichen und grundherrschaftlichen Denkens. So wendet sich eigentlich benediktinisches Denken gegen den starren römischen Eigentumsbegriff. Wir haben weitere Quellenzeugnisse aus dem 11. und 12. Jahrhundert aus dem französischen Recht, näherhin aus den Zeitaltern des Eigen-Kirchenrechts. Es ist nicht schwer, andere Zeugnisse beizubringen. Wenn wir heute nach der Abtei Himmerod in die Eifel gehen, da finden wir noch manche Teiche der Zisterzienser für ihre Fischzucht. Im Mittelalter haben die Bernhardiner gegen 60 Fischsorten gekannt. Wasser ist alles für diese und andere Reformmönche, somit allgemein lebensnotwendig, da sie den Fleischgenuß mehr oder minder einschränken. Sie nahmen das Wasser sogar in die Klosterbezeichnungen auf, wenn die Abtei sich als Fountains oder Troisfontaines oder Aqua fredda bezeichnet. Von solchen Standorten vollzieht sich ein planmäßiger Aufmarsch gegen eine starre Dogmatisierung des Wassers, die im römischen Recht vorhanden war. Das Lebendige verlangte seine Berücksichtigung.

Es kommt aber noch eine ganz andere Seite hinzu, die einmal aufgezeigt werden muß. Gegen den römischen Eigentumsbegriff rückt ebenso die *Legende* an. Zwar hat die große sozialgeschichtliche Bedeutung dieser Quellengruppe, die sich auf Apokryphes und Mittelalterliches stützt, sich erst allmählich durchgesetzt. Was ist denn, wenn jemand im Mittelalter Wasser haben will? Denkt er nicht daran, daß hier und da heilige Heroen, also volkhafte Heilbringer, erwähnt werden, die das Wasser in der Volksvorstellung wundermächtig handhaben. Da ist jener *Patrizius*, der Heros von Irland? Er stößt den Stab in den Boden, und siehe da, die Quellen fließen.

Da wird vom Mirakel her der Brunnen geadelt. Er rückt zuweilen in die Sphäre der Heilquelle. Die Geschichte der christlichen Mission bot der Legende viele Ansatzpunkte. Noch heute ist manches volkslebendig. In Amorbach im unterfränkischen Odenwald waschen sich heute noch die Bauersfrauen an der Quelle die Augen aus, vielleicht zum Kummer der Augenklinik in Würzburg. Sie sehen an solchen Beispielen immerhin, wie Quellen eine soziale Funktion bekommen, jenseits des Eigentums. Das ist für den Volkskundler unverkennbar.

Die gesellschaftliche Auswertung der Quelle ist auch sonst noch festzustellen, und zwar noch von einer ganz anderen Basis her. Die Wallfahrer des Mittelalters, die Vertreter einer gewaltigen Strömung, die die Völkerwanderung in anderen Formen erneut aufnimmt, bemächtigen sich der Berge und der Quellen, wenn sie peregrinatio sacra vollziehen. Wenn Sie nach Soest gehen, dann finden sie heute noch Erinnerungen an solche Pilgerfahrten im Zusammenhang mit der Jakobsquelle, die vor den Toren der Stadt liegt. Dort haben sich peregrini, die nach Spanien gingen, auf ihrem Marsch erquickt. Wallfahrtsstraßen sind überdies gleichzeitig große Wirtschaftsstraßen des fahrenden Kaufmannes und der Produzenten, die etwa von Lucca, Cremona, Florenz zum Absatz ihrer Waren nach Lyon und Brügge gingen. Da braucht man die Quelle, um Roß und Reisige, aber auch um den müden Einzelgänger zu erquicken, den *Geiler von Kaysersberg, Edmond Martène* und *Adolph Franz* zu schildern wissen.

Wir haben heute manches an wissenswerten Einzelheiten gehört, das hochinteressant war, was Sie von Württemberg und dem Oberrhein sagten. Wir wissen ja von den leidenschaftlichen Erörterungen über die Donauversickerung, daß nämlich die Schwaben darangehen wollten, Mühlen auf badischem Gebiet stillzulegen.

Sie haben von Zitrusfrüchten im Heiligen Lande gesprochen, die jetzt nicht mehr unter arabischem Gewehrfeuer liegen, wie zuweilen bei den Ernten der deutschen Benediktinerabtei des Sionberges in Jerusalem. Ich bin gerade dort gewesen, als geknallt wurde. Die Mönche haben das Obst draußen lassen müssen, ohne es einbringen zu können. Das Wasser weckt in Palästina noch andere Erinnerungen. Ich sah dort 16jährige Mädchen in der Sonnenglut Schöpfräder drehen, um Wasser auf die Felder zu bringen. Es gibt kaum eine Arbeiterin in einer deutschen Fabrik, die so etwas ähnliches im mühseligen und geradezu erschöpfenden Turnus gemacht hat. Respekt vor dieser Einsatzbereitschaft der Israelitinnen.

Das Wasser bei uns ist somit als Forschungsaufgabe so interessant, weil es eine ausgewogene Sozialfunktion hat. Eine Fülle von rechtsgeschichtlichen denkwürdigen Momenten bricht gleichzeitig auf. Doch dürfen wir das Eigentum nicht schlechthin wegradieren. Auch hier kommt es auf einen befriedigenden Ausgleich an, der unsere Kultur erhält und weiterführt.

Professor Dr. jur. Hans Peters

Herr Gieseke hat meiner Ansicht nach gerade auf eine Reihe entscheidender Probleme hingewiesen, die dem armen Juristen viel zu schaffen machen. Es ist noch nicht gesagt worden, daß Herr Gieseke seinerzeit der erste war, der im Bereich der Juristen sich intensiv mit den modernen Fragen des Wassers beschäftigt hat, bereits in den dreißiger Jahren in Berlin, er hat später das Institut für Wasserrecht an der Universität in Bonn gegründet.

Das Problem liegt darin, daß besonders viele Interessenten von verschiedenen Standpunkten gegen den Eigentümer anrennen, so daß also verschiedene Sphären gegeneinander abzugrenzen sind. Die erste ist die des *Eigentümers.* Als zweite tritt die des *Nachbarn* hinzu. Sicher volles Anrecht auf das Wasser hat der *Gewerbetreibende;* er will das Wasser zu einem Zweck gebrauchen, der an sich dem Eigentümer nicht zu passen braucht. Inwieweit ist das zulässig? Interessiert ist als vierte die *Gemeinde,* die die Allgemeinheit repräsentiert und die das Wasser benötigt, um zum Beispiel über weite Gebiete hinweg eine Wasserleitung zu bauen. Nun kommt als fünftes *das öffentliche Interesse,* das sich insbesondere gegen die Verunreinigung wendet.

Die erste Schwierigkeit liegt also darin, daß fünf Interessentengruppen vorhanden sind, die alle besonderen Schutz durch die Rechtsordnung verdienen. Die Herren von der Technik und der Wasserwirtschaft sehen vielfach leider immer nur einen der Interessenten; die Juristen müssen aber diese fünf einander oft widerstrebenden Gruppen von Interessen gegeneinander ausgleichen.

Die nächste Schwierigkeit ist, daß ein Streit zwischen Bund und Ländern darüber geführt wird, wer eigentlich hier zuständig ist, also wer das Recht hat, die Materie gesetzgeberisch zu regeln. Das Grundgesetz gewährt dem Bund auf diesem Gebiet nicht so viele Rechte, wie sie das Reich nach der Weimarer Verfassung gehabt hat. Es gibt ihm nur die Rahmengesetzgebung, und zwar lediglich für den Wasserhaushalt. Nun wissen die Juristen nicht genau – sie haben versucht, sich darüber bei der Beratung des neuen Wasserhaushaltgesetzes klar zu werden –, ob mit Wasserhaushalt nur quantitativ die Wassermenge gemeint ist oder auch qualitativ die Güte des Wassers. Damit entsteht wieder ein neues Rechtsproblem, das staatsrechtlich bedeutsam ist.

Herr Prälat Schreiber hat den Schutz des Eigentums gegen Einwirkungen vom Grundgesetz her hervorgehoben. Das scheint mir in der Tat bezüglich des Eigentumsschutzes etwas zu weit gegangen zu sein, weil für *jede* Art der Enteignung eine Entschädigung verlangt werden kann. In der Weimarer Verfassung hatte Artikel 153 die Möglichkeit gegeben, durch Reichsgesetz entschädigungslos zu enteignen, d. h. Rechte zu entziehen. Heute kann durch ein Bundesgesetz im allgemeinen Interesse auch enteignet werden, aber nicht entschädigungslos.

Mit dem Herrn Vortragenden bin ich der Meinung, daß das Eigentum am Wasser erhalten bleiben sollte; aber es muß dann doch eine erleichterte Möglichkeit geschaffen werden, auch Akte vorzunehmen, die man heute als

Enteignung bezeichnet. „Beschränkungen" des Eigentums sind freilich ohne Entschädigung zulässig. Nur zerbrechen sich die Juristen erheblich die Köpfe, wo die Grenze zwischen Enteignung und Eigentumsschranke liegt. Die Tendenz unserer Rechtsprechung geht sehr weit zum Schutz des Eigentums und nimmt Enteignung an, wo man bei weitherziger Betrachtung vielleicht ebensogut eine allgemeine Eigentumsschranke für gegeben halten könnte. Hier handelt es sich auch um ein Problem, das irgendwann einmal aufgegriffen werden muß, zumal es nicht nur wasserrechtlich interessant ist, sondern auch für viele andere Gebiete von Wichtigkeit ist. Allzu häufig werden für das Gemeinwohl (auch für den Steuerzahler) wichtige Maßnahmen seitens der Rechtsprechung oder der Auslegung durch den meines Erachtens übersteigerten Eigentumsschutz verhindert. Der Begriff der Enteignung sollte aber enger ausgelegt werden, als es jetzt geschieht; heute kann im Endergebnis ein ganz großer Teil notwendiger Maßnahmen nicht getroffen werden, weil Artikel 14 des Grundgesetzes dagegensteht. Ich bin nicht dafür, daß bei Enteignung (in dem heute erweiterten Sinne) ausnahmslos entschädigt werden sollte; aber auf der anderen Seite gibt es Fälle, bei denen die verschiedensten Interessen zusammentreffen und bei denen irgendwie ein Ausgleich geschaffen werden muß, manchmal eben auch auf Kosten des Eigentümers. Die derzeitige positive Rechtslage zeigt, daß unser Verfassungsrecht nicht ganz oder noch nicht ganz den wirklichen Bedürfnissen der Gerechtigkeit entspricht. Um die Gerechtigkeit geht es dem Juristen, nicht nur um die Form, die jeweils in einem Gesetz festgelegt worden ist.

Mir scheint, daß sich alle, die am Wasserrecht interessiert sind, über die Unvollkommenheit des positiven Rechts ihre Gedanken machen sollten!

Professor Dr. phil. Eduard Mückenhausen

Für mich als Geologen ist die Vorstellung schwer, daß es überhaupt ein Eigentum am Grundwasser geben kann. Es ist nicht so, daß unter einer bestimmten Fläche eine bestimmte Wassermenge gleichsam ansteht. Das unter einer *begrenzten* Fläche vorhandene Wasser kann man nicht messen, weil man überhaupt nicht weiß, aus welcher Richtung Wasser an die betreffende Stelle zuströmt.

(Zuruf: Beim Fluß haben wir auch Eigentum!)

Das Flußwasser ist viel leichter zu übersehen. Man kann z. B. messen, wieviel Liter pro Sekunde einen bestimmten Punkt passieren. Aber beim Grundwasser ist eine derartige Messung in den meisten Fällen überhaupt nicht möglich. Vor allen Dingen ist das dann schwer zu überblicken, wenn es sich um tiefes Grundwasser handelt, das meinetwegen als drittes Grundwasserstockwerk fungiert, also noch zwei darüber liegen. Wie man nun in diesem dritten Grundwasserstockwerk ein Eigentum festlegen kann, kann ich mir nicht vorstellen. Dieses Problem wird von mir als Geologen so gesehen. Aber die Juristen müssen verständlicherweise irgendwie auch hier ein Eigentum festlegen.

Ich möchte noch etwas über die Verunreinigung des Grundwassers durch Treibstofflager sagen. Ob durch die Undichte eines Tanks das Grundwasser verunreinigt wird, kann man in den meisten Fällen beurteilen. Wenn das Bodenmaterial unter dem Tank durchlässig ist, so wird es zu Verunreinigungen kommen. Das wird nicht der Fall sein, wenn hier eine dichte Schicht (z. B. Ton) ansteht.

Ein dritter Punkt: Schädigungen durch Flußregulierungen kann man bei Kenntnis des Bodenaufbaues der angrenzenden Ländereien beurteilen. In vielen Fällen wird aber nicht *vor* dem Eingriff in die Wasserverhältnisse untersucht, welche Folgen dieser hat. Wir sind doch heute in der Geologie und in der Bodenkunde soweit, daß wir die Folgen einer Flußregulierung oder einer Grundwasserabsenkung voraussehen können. Übersieht man die Folgen, so kann man unter Umständen den Eingriff in die Wasserverhältnisse so vornehmen, daß keine oder wenigstens keine größeren Schäden eintreten.

Professor Dr. jur. Paul Gieseke

Sie haben Bedenken gegen den Eigentumsbegriff geäußert, weil mengenmäßig nicht feststellbar sei, was aus dem Grundwasser herausgeholt werden kann. Neben diesem allgemeinen Einwand gibt es noch einen anderen, nämlich, daß dieser Begriff für die tiefen Grundwasserhorizonte in besonderem Maße auf Schwierigkeiten stößt.

Zunächst der allgemeine Einwand. Wenn man den Eigentumsbegriff nicht in dem aktuellen Sinne auffaßt, daß jede einzelne Partikel des Grundwassers schon in voller Eigentumsherrschaft steht, sondern sagt: es besteht das ausschließliche Aneignungsrecht des Grundeigentümers, dann würden die theoretischen Bedenken bei Ihnen wohl entfallen. Der Besitzer eines Jagdbezirkes weiß ja auch nicht, wieviel Hasen in dem Jagdbezirk sind, aber er kann durchaus das Aneignungsrecht daran haben. Ob man das Eigentumsrecht in der Tradition des Juristen auffaßt oder im Sinne eines bloßen Aneignungsrechtes, scheint mir nicht entscheidend zu sein.

Zu dem, was Sie von den tiefen Grundwasserhorizonten sagten, muß ich zugeben, daß es wenig innere Berechtigung hat, daran ein Eigentum oder ausschließliches Aneignungsrecht des Grundeigentümers anzuerkennen, der nur ein paar Quadratmeter Erdoberfläche besitzt. In einigen ausländischen Rechten gibt es ein besonderes Schürfrecht auf Grundwasser, natürlich nicht auf dasjenige dicht unter der Oberfläche, sondern von bestimmten Tiefen an. In Deutschland können in einem solchen Falle zwar Vorarbeiten auf Grund der Enteignungsgesetze gestattet werden; um das Grundwasser dann später fördern zu können, bedürfte es aber erst der Enteignung des Grundstücks, auf dem die Förderung stattfinden soll. Das ist auf die Dauer unbefriedigend.

Summary

Underground water as such has entered relatively late the realm of jurists, whereas springs and wells had caused legal problems in quite early times (records of differences are found in the book of Genesis already). The rules of Roman Law were of great significance for the legal development of later periods. ULPIANUS states that a fountain's *"aqua viva"* was to be considered *"portio agri"* and as such property of the land owner; here, too, property was unlimited in principle. As a corollary of the so-called "reception" (i. e. of Roman Law in Germany).

Conflicts about underground water increased, when, around the middle of the 19th century, townships claimed it in growing extent for the supply of their inhabitants. In consequence it often happened that cultivated lands were dried up, springs of creeks that worked mills were cut off, etc. Underground water now no longer was a topic of mere private disputes; it soon became a concern of public interest. As a reflexion of this change statutes dealing with underground water are blending rules of public law and rules of private law. In the existing regulations as well in Germany as in other countries of the European continent sometimes private law outweighs public law (private property), sometimes vice versa (public control of water uses).

The chief Problems of our time are these: The general demand for water, especially for public water supply purposes, has increased enormously. New technical devices make it possible to meet this demand, but they are likely to inflict upon the interests of others more rigidly than in former times. If the underground water level is lowered in order to construct big buildings, this also may cause considerable damage to real estate and houses. The danger of pollution has grossly extended (most recently also from oil receptacles, pipe lines, and subterranean gas-storage). In sea-side areas underground water may become salty, when its resources are exhausted and the heavier sea-water is pressing after. Further challenge for the protection of underground water is given by atomic reactors as well as by the spreading employ of radioactive isotopes.

The new German Federal Water Household Law demands a licence or official permission for any major measure influencing underground water and in this way provides for a previous control. It furthermore contains provisions dealing with the protection of underground water resources against pollution and the dangers of drilling-work.

It remains a question whether it should be recommended to insist upon the rule that real property (restricted, of course, by public control) extends even to underground water. In spite of some scepticism the idea of property on underground water seems to be the best solution imaginable for a legislator that is principally decided in favour of private property.

Résumé

L'eau souterraine, comme telle, n'est apparue dans le champ d'action des juristes que relativement tard, tandis que les sources et les puits étaient, jadis déjà, l'objet de problèmes juridiques. (Le Ier Livre de Moïse nous parle de litiges à ce sujet.) D'une grande importance pour le développement du droit en la matière était le point de vue adopté par le droit romain. L'aqua viva d'une source appartenait, selon un arrêt rendu par Ulpien, en tant que portio agri au propriétaire du terrain; la propriété était, par principe, illimitée. Ce point de vue a prévalu pendant des siècles en Allemagne aussi, du fait de la reception du droit romain.

Les conflits autour de l'eau souterraine augmentèrent lorsqu'aux environs du milieu du 19ème siècle, les villes la mirent à contribution dans une mesure croissante pour l'approvisionnement en eau de leurs habitants. Ceci eût souvent pour conséquence d'assécher des terrains de culture, de couper de leurs sources les ruisseaux actionnant des moulins etc. Objet tout d'abord de litiges purement privés, l'eau souterraine devint peu à peu un objet d'intérêt public. Cela s'explique par le fait que les prescriptions des codes des eaux relatives à l'eau souterraine mélangent droit public et droit privé. La règlementation en vigueur, aussi bien en Allemagne qu'à l'étranger est tantôt plutôt du domaine du droit privé (propriété privée), tantôt plutôt du domaine du droit public (surveillance de l'utilisation de l'eau souterraine par l'Etat).

A l'époque actuelle le problème est, dans l'essentiel, le suivant: les besoins (en particulier pour l'approvisionnement public en eau) se sont énormément accrus; des procédés techniques nouveaux permettent de les couvrir, mais sont de nature à léser bien plus qu'auparavant les intérêts d'autrui. L'abaissement du niveau de l'eau souterraine pour permettre la construction de grands édifices peut provoquer d'importants dommages aux terrains et aux bâtiments. Le danger de la pollution (à l'époque présente, du fait de citernes à huile, de pipe-lines ou de réservoirs souterrains à gaz) a augmenté considérablement. Dans les régions côtières surgit le danger d'une transformation de l'eau souterraine en eau saumâtre, du fait que l'eau de mer plus lourde vient occuper l'espace laissé vacant par l'eau souterraine prélevée en trop grandes quantités. Non seulement le fonctionnement de réacteurs nucléaires, mais aussi l'emploi croissant d'isotopes radioactifs créent de nouvelles tâches dans le domaine de la protection de l'eau souterraine. La nouvelle loi fédérale sur l'économie de l'eau a soumis l'utilisation de l'eau souterraine à un contrôle préalable, en prescrivant pour toute mise à contribution importante de cette eau l'obtention d'une autorisation préalable des autorités. La loi contient en outre des prescriptions relatives à la protection des nappes d'eau souterraine contre la pollution et les travaux de terrassement.

On se demande s'il est recommandé de s'en tenir aux dispositions qui étendent également à l'eau souterraine les droits des propriétaires de terrains (droits naturellement limités du fait du contrôle de droit public). En dépit de maintes objections, cette conception de la propriété paraît être actuellement la meilleure solution possible pour une législation qui a adopté une position affirmative de principe à l'égard de la propriété privée.

VERÖFFENTLICHUNGEN DER ARBEITSGEMEINSCHAFT FÜR FORSCHUNG DES LANDES NORDRHEIN-WESTFALEN

NATURWISSENSCHAFTEN

HEFT 1

Prof. Dr.-Ing. Friedrich Seewald, Aachen
Neue Entwicklungen auf dem Gebiet der Antriebsmaschinen

Prof. Dr.-Ing. Friedrich A. Schmidt, Aachen
Technischer Stand und Zukunftsaussichten der Verbrennungsmaschinen, insbesondere der Gasturbinen

Dr.-Ing. Rudolf Friedrich, Mülheim (Ruhr)
Möglichkeiten und Voraussetzungen der industriellen Verwertung der Gasturbine

1951, 52 Seiten, 15 Abb., kartoniert, DM 2,75

HEFT 2

Prof. Dr.-Ing. Wolfgang Riezler, Bonn
Probleme der Kernphysik

Prof. Dr. Fritz Micheel, Münster
Isotope als Forschungsmittel in der Chemie und Biochemie

1951, 40 Seiten, 10 Abb., kartoniert, DM 2,40

HEFT 3

Prof. Dr. Emil Lehnartz, Münster
Der Chemismus der Muskelmaschine

Prof. Dr. Gunther Lehmann, Dortmund
Physiologische Forschung als Voraussetzung der Bestgestaltung der menschlichen Arbeit

Prof. Dr. Heinrich Kraut, Dortmund
Ernährung und Leistungsfähigkeit

1951, 60 Seiten, 35 Abb., kartoniert, DM 3,50

HEFT 4

Prof. Dr. Franz Wever, Düsseldorf
Aufgaben der Eisenforschung

Prof. Dr.-Ing. Hermann Schenck, Aachen
Entwicklungslinien des deutschen Eisenhüttenwesens

Prof. Dr.-Ing. Max Haas, Aachen
Wirtschaftliche Bedeutung der Leichtmetalle und ihre Entwicklungsmöglichkeiten

1952, 60 Seiten, 20 Abb., kartoniert, DM 3,50

HEFT 5

Prof. Dr. Walter Kikuth, Düsseldorf
Virusforschung

Prof. Dr. Rolf Danneel, Bonn
Fortschritte der Krebsforschung

Prof. Dr. Dr. Werner Schulemann, Bonn
Wirtschaftliche und organisatorische Gesichtspunkte für die Verbesserung unserer Hochschulforschung.

1952, 50 Seiten, 2 Abb., kartoniert, DM 2,75

HEFT 6

Prof. Dr. Walter Weizel, Bonn
Die gegenwärtige Situation der Grundlagenforschung in der Physik

Prof. Dr. Siegfried Strugger, Münster
Das Duplikantenproblem in der Biologie

Direktor Dr. Fritz Gummert, Essen
Überlegungen zu den Faktoren Raum und Zeit im biologischen Geschehen und Möglichkeiten einer Nutzanwendung

1952, 64 Seiten, 20 Abb., kartoniert, DM 3,—

HEFT 7

Prof. Dr.-Ing. August Götte, Aachen
Steinkohle als Rohstoff und Energiequelle

Prof. Dr. Dr. E. h. Karl Ziegler, Mülheim (Ruhr)
Über Arbeiten des Max-Planck-Institutes für Kohlenforschung

1953, 66 Seiten, 4 Abb., kartoniert, DM 3,60

HEFT 8

Prof. Dr.-Ing. Wilhelm Fucks, Aachen
Die Naturwissenschaft, die Technik und der Mensch

Prof. Dr. Walter Hoffmann, Münster
Wirtschaftliche und soziologische Probleme des technischen Fortschritts

1952, 84 Seiten, 12 Abb., kartoniert, DM 4,80

HEFT 9

Prof. Dr.-Ing. Franz Bollenrath, Aachen
Zur Entwicklung warmfester Werkstoffe

Prof. Dr. Heinrich Kaiser, Dortmund
Stand spektralanalytischer Prüfverfahren und Folgerung für deutsche Verhältnisse

1952, 100 Seiten, 62 Abb., kartoniert, DM 6,—

HEFT 10

Prof. Dr. Hans Braun, Bonn
Möglichkeiten und Grenzen der Resistenzzüchtung

Prof. Dr.-Ing. Carl Heinrich Dencker, Bonn
Der Weg der Landwirtschaft von der Energieautarkie zur Fremdenergie

1952, 74 Seiten, 23 Abb., kartoniert, DM 4,30

HEFT 11

Prof. Dr.-Ing. Herwart Opitz, Aachen
Entwicklungslinien der Fertigungstechnik in der Metallbearbeitung

Prof. Dr.-Ing. Karl Krekeler, Aachen
Stand und Aussichten der schweißtechnischen Fertigungsverfahren

1952, 72 Seiten, 49 Abb., kartoniert, DM 5,—

HEFT 12

Dr. Hermann Rathert, Wuppertal-Elberfeld
Entwicklung auf dem Gebiet der Chemiefaser-Herstellung

Prof. Dr. Wilhelm Weltzien, Krefeld
Rohstoff und Veredlung in der Textilwirtschaft

1952, 84 Seiten, 29 Abb., kartoniert, DM 4,80

HEFT 13

Dr.-Ing. E. h. Karl Herz, Frankfurt a. M.
Die technischen Entwicklungstendenzen im elektrischen Nachrichtenwesen

Staatssekretär Prof. Dr. h. c. Leo Brandt, Düsseldorf
Navigation und Luftsicherung

1952, 102 Seiten, 97 Abb., kartoniert, DM 7,25

HEFT 14

Prof. Dr. Burckhardt Helferich, Bonn
Stand der Enzymchemie und ihre Bedeutung

Prof. Dr. Hugo Wilhelm Knipping, Köln
Ausschnitt aus der klinischen Carcinomforschung am Beispiel des Lungenkrebses

1952, 72 Seiten, 12 Abb., kartoniert, DM 4,30

HEFT 15

Prof. Dr. Abraham Esau †, Aachen
Ortung mit elektrischen und Ultraschallwellen in Technik und Natur

Prof. Dr.-Ing. Eugen Flegler, Aachen
Die ferromagnetischen Werkstoffe der Elektrotechnik und ihre neueste Entwicklung

1953, 84 Seiten, 25 Abb., kartoniert, DM 4,80

HEFT 16

Prof. Dr. Rudolf Seyffert, Köln
Die Problematik der Distribution

Prof. Dr. Theodor Beste, Köln
Der Leistungslohn

1952, 70 Seiten, 1 Abb., kartoniert, DM 3,50

HEFT 17

Prof. Dr.-Ing. Friedrich Seewald, Aachen
Luftfahrtforschung in Deutschland und ihre Bedeutung für die allgemeine Technik

Prof. Dr.-Ing. Edouard Houdremont, Essen
Art und Organisation der Forschung in einem Industrieforschungsinstitut der Eisenindustrie

1953, 90 Seiten, 4 Abb., kartoniert, DM 4,20

HEFT 18

Prof. Dr. Werner Schulemann, Bonn
Theorie und Praxis pharmakologischer Forschung

Prof. Dr. Wilhelm Groth, Bonn
Technische Verfahren zur Isotopentrennung

1953, 72 Seiten, 17 Abb., kartoniert, DM 4,—

HEFT 19

Dipl.-Ing. Kurt Traenckner, Essen
Entwicklungstendenzen der Gaserzeugung

1953, 26 Seiten, 12 Abb., kartoniert, DM 1,60

HEFT 20

Lw. M. Zvegintzow, London
Wissenschaftliche Forschung und die Auswertung ihrer Ergebnisse
Ziel und Tätigkeit der National Research Development Corporation

Dr. Alexander King, London
Wissenschaft und internationale Beziehungen

1954, 88 Seiten, kartoniert, DM 4,20

HEFT 21

Prof. Dr. Robert Schwarz, Aachen
Wesen und Bedeutung der Silicium-Chemie

Prof. Dr. Dr. h. c. Kurt Adler, Köln
Fortschritte in der Synthese von Kohlenstoffverbindungen.

1954, 76 Seiten, 49 Abb., kartoniert, DM 4,—

HEFT 21a

Prof. Dr. Dr. h. c. Otto Hahn, Göttingen
Die Bedeutung der Grundlagenforschung für die Wirtschaft

Prof. Dr. Siegfried Strugger, Münster
Die Erforschung des Wasser- und Nährsalztransportes im Pflanzenkörper mit Hilfe der fluoreszenzmikroskopischen Kinematographie

1953, 74 Seiten, 26 Abb., kartoniert, DM 5,—

HEFT 22

Prof. Dr. Johannes von Allesch, Göttingen
Die Bedeutung der Psychologie im öffentlichen Leben

Prof. Dr. Otto Graf, Dortmund
Triebfedern menschlicher Leistung

1953, 80 Seiten, 19 Abb., kartoniert, DM 4,—

HEFT 23

Prof. Dr. Dr. h. c. Bruno Kuske, Köln
Zur Problematik der wirtschaftswissenschaftlichen Raumforschung

Prof. Dr. Dr.-Ing. E. h. Stephan Prager, Düsseldorf
Städtebau und Landesplanung

1954, 84 Seiten, kartoniert, DM 3,50

HEFT 24

Prof. Dr. Rolf Danneel, Bonn
Über die Wirkungsweise der Erbfaktoren

Prof. Dr. Kurt Herzog, Krefeld
Bewegungsbedarf der menschlichen Gliedmaßengelenke bei der Berufsarbeit

1953, 76 Seiten, 18 Abb., kartoniert, DM 4,—

HEFT 25

Prof. Dr. Otto Haxel, Heidelberg
Energiegewinnung aus Kernprozessen

Dr.-Ing. Max Wolf, Düsseldorf
Gegenwartsprobleme der energiewirtschaftlichen Forschung

1953, 98 Seiten, 27 Abb., kartoniert, DM 5,25

HEFT 26

Prof. Dr. Friedrich Becker, Bonn
Ultrakurzwellenstrahlung aus dem Weltraum

Dr. Hans Straßl, Bonn
Bemerkenswerte Doppelsterne und das Problem der Sternentwicklung

1954, 70 Seiten, 8 Abb., kartoniert, DM 3,60

HEFT 27

Prof. Dr. Heinrich Behnke, Münster
Der Strukturwandel der Mathematik in der ersten Hälfte des 20. Jahrhunderts

Prof. Dr. Emanuel Sperner, Hamburg
Eine mathematische Analyse der Luftdruckverteilungen in großen Gebieten

1956, 96 Seiten, 12 Abb., 5 Tab., kart., DM 5,—

HEFT 28

Prof. Dr. Oskar Niemczyk, Aachen
Die Problematik gebirgsmechanischer Vorgänge im Steinkohlenbergbau

Prof. Dr. Wilhelm Ahrens, Krefeld
Die Bedeutung geologischer Forschung für die Wirtschaft, besonders in Nordrhein-Westfalen

1955, 96 Seiten, 12 Abb., kartoniert, DM 5,25

HEFT 29

Prof. Dr. Bernhard Rensch, Münster
Das Problem der Residuen bei Lernleistungen

Prof. Dr. Hermann Fink, Köln
Über Leberschäden bei der Bestimmung des biologischen Wertes verschiedener Eiweiße von Mikroorganismen

1954, 96 Seiten, 23 Abb., kartoniert, DM 5,25

HEFT 30

Prof. Dr.-Ing. Friedrich Seewald, Aachen
Forschungen auf dem Gebiete der Aerodynamik

Prof. Dr.-Ing. Karl Leist, Aachen
Einige Forschungsarbeiten aus der Gasturbinentechnik

1955, 98 Seiten, 45 Abb., kartoniert, DM 7,—

HEFT 31

Prof. Dr.-Ing. Dr. h. c. Fritz Mietzsch, Wuppertal
Chemie und wirtschaftliche Bedeutung der Sulfonamide

Prof. Dr. h. c. Gerhard Domagk, Wuppertal
Die experimentellen Grundlagen der bakteriellen Infektionen

1954, 82 Seiten, 2 Abb., kartoniert, DM 4,—

HEFT 32

Prof. Dr. Hans Braun, Bonn
Die Verschleppung von Pflanzenkrankheiten und -schädigungen über die Welt

Prof. Dr. Wilhelm Rudolf, Voldagsen
Der Beitrag von Genetik und Züchtung zur Bekämpfung von Viruskrankheiten der Nutzpflanzen

1953, 88 Seiten, 36 Abb., kartoniert, DM 5,—

HEFT 33

Prof. Dr.-Ing. Volker Aschoff, Aachen
Probleme der elektroakustischen Einkanalübertragung

Prof. Dr.-Ing. Herbert Döring, Aachen
Erzeugung und Verstärkung von Mikrowellen

1954, 74 Seiten, 23 Abb., kartoniert, DM 4,30

HEFT 34

Geheimrat Prof. Dr. Dr. Rudolf Schenck, Aachen
Bedingungen und Gang der Kohlenhydratsynthese im Licht

Prof. Dr. Emil Lehnartz, Münster
Die Endstufen des Stoffabbaues im Organismus

1954, 80 Seiten, 11 Abb., kartoniert, DM 4,20

HEFT 35

Prof. Dr.-Ing. Hermann Schenck, Aachen
Gegenwartsprobleme der Eisenindustrie in Deutschland

Prof. Dr.-Ing. Eugen Piwowarsky †, Aachen
Gelöste und ungelöste Probleme im Gießereiwesen

1954, 110 Seiten, 67 Abb., kartoniert, DM 6,50

HEFT 36

Prof. Dr. Wolfgang Riezler, Bonn
Teilchenbeschleuniger

Prof. Dr. Gerhard Schubert, Hamburg
Anwendung neuer Strahlenquellen in der Krebstherapie

1954, 104 Seiten, 43 Abb., kartoniert, DM 7,—

HEFT 37

Prof. Dr. Franz Lotze, Münster
Probleme der Gebirgsbildung

1957, 48 Seiten, 12 Abb., kartoniert, DM 2,75

HEFT 38

Dr. E. Colin Cherry, London
Kybernetik

Prof. Dr. Erich Pietsch, Clausthal-Zellerfeld
Dokumentation und mechanisches Gedächtnis — zur Frage der Ökonomie der geistigen Arbeit

1954, 108 Seiten, 31 Abb., kartoniert, DM 5,25

HEFT 39

Dr. Heinz Haase, Hamburg
Infrarot und seine technischen Anwendungen

Prof. Dr. Abraham Esau †, Aachen
Ultraschall und seine technischen Anwendungen

1955, 80 Seiten, 25 Abb., kartoniert, DM 4,80

HEFT 40

Bergassessor Fritz Lange, Bochum-Hordel
Die wirtschaftliche und soziale Bedeutung der Silikose im Bergbau

Prof. Dr. Walter Kikuth, Düsseldorf
Die Entstehung der Silikose und ihre Verhütungsmaßnahmen

1954, 120 Seiten, 40 Abb., kartoniert, DM 7,25

HEFT 40 a

Prof. Dr. Eberhard Gross, Bonn
Berufskrebs und Krebsforschung

Prof. Dr. Hugo Wilhelm Knipping, Köln
Die Situation der Krebsforschung vom Standpunkt der Klinik

1955, 88 Seiten, 31 Abb., kartoniert, DM 5,—

HEFT 41

Direktor Dr.-Ing. Gustav-Victor Lachmann, London
An einer neuen Entwicklungsschwelle im Flugzeugbau

Direktor Dr.-Ing. A. Gerber, Zürich-Oerlikon
Stand der Entwicklung der Raketen- und Lenktechnik

1955, 88 Seiten, 44 Abb., kartoniert, DM 6,—

HEFT 42

Prof. Dr. Theodor Kraus, Köln
Lokalisationsphänomene und Ordnungen im Raume

Direktor Dr. Fritz Gummert, Essen
Vom Ernährungsversuchsfeld der Kohlenstoffbiologischen Forschungsstation Essen

1957, 69 Seiten, 20 Abb., kartoniert, DM 4,50

HEFT 42 a

Prof. Dr. Dr. h. c. Gerhard Domagk, Wuppertal
Fortschritte auf dem Gebiet der experimentellen Krebsforschung

1954, 46 Seiten, kartoniert, DM 2,—

HEFT 43

Prof. Giovanni Lampariello, Rom
Über Leben und Werk von Heinrich Hertz

Prof. Dr. Walter Weizel, Bonn
Über das Problem der Kausalität in der Physik

1955, 76 Seiten, kartoniert, DM 3,30

HEFT 43 a

Prof. Dr. José Mª Albareda, Madrid
Die Entwicklung der Forschung in Spanien

1956, 68 Seiten, 18 Abb., kartoniert, DM 4,—

HEFT 44

Prof. Dr. Burckhardt Helferich, Bonn
Über Glykoside

Prof. Dr. Fritz Micheel, Münster
Kohlenhydrat-Eiweiß-Verbindungen und ihre biochemische Bedeutung

1956, 70 Seiten, 67 Abb., kartoniert, DM 4,60

HEFT 45

Prof. Dr. John von Neumann, Princeton, USA
Entwicklung und Ausnutzung neuerer mathematischer Maschinen
Prof. Dr. Eduard Stiefel, Zürich
Rechenautomaten im Dienste der Technik mit Beispielen aus dem Züricher Institut für angewandte Mathematik
1955, 74 Seiten, 6 Abb., kartoniert, DM 3,50

HEFT 46

Prof. Dr. Wilhelm Weltzien, Krefeld
Ausblick auf die Entwicklung synthetischer Fasern
Prof. Dr. Walther Hoffmann, Münster
Wachstumsprobleme der Industriewirtschaft
in Vorbereitung

HEFT 47

Staatssekretär Prof. Dr. h. c. Leo Brandt, Düsseldorf
Die praktische Förderung der Forschung in Nordrhein-Westfalen
Prof. Dr. Ludwig Raiser, Bad Godesberg
Die Förderung der angewandten Forschung durch die Deutsche Forschungsgemeinschaft
1957, 108 Seiten, 82 Abb., kartoniert, DM 9,55

HEFT 48

Dr. Hermann Tromp, Rom
Bestandsaufnahme der Wälder der Welt als internationale und wissenschaftliche Aufgabe
Prof. Dr. Franz Heske, Schloß Reinbek
Die Wohlfahrtswirkungen des Waldes als internationales Problem
1957, 88 Seiten, kartoniert, DM 3,85

HEFT 49

Präsident Dr. Günther Böhnecke, Hamburg
Zeitfragen der Ozeanographie
Reg.-Direktor Dr. H. Gabler, Hamburg
Nautische Technik und Schiffssicherheit
1955, 120 Seiten, 49 Abb., kartoniert, DM 7,50

HEFT 50

Prof. Dr.-Ing. Friedrich A. F. Schmidt, Aachen
Probleme der Selbstzündung und Verbrennung bei der Entwicklung der Hochleistungskraftmaschinen
Prof. Dr.-Ing. A. W. Quick, Aachen
Ein Verfahren zur Untersuchung des Austauschvorganges in verwirbelten Strömungen hinter Körpern mit abgelöster Strömung
1956, 88 Seiten, 38 Abb., kartoniert, DM 6,20

HEFT 51

Direktor Dr. Johannes Pätzold, Erlangen
Therapeutische Anwendung mechanischer und elektrischer Energie
1957, 38 Seiten, 7 Abb., kartoniert, DM 2,20

HEFT 51 a

Prof. Dr. Siegfried Strugger, Münster
Struktur, Entwicklungsgeschichte und Physiologie der Chloroplasten
in Vorbereitung

HEFT 52

Mr. F. A. W. Patmore, London
Der Air Registration Board und seine Aufgaben im Dienst der britischen Flugzeugindustrie
Prof. A. D. Young, Cranfield
Gestaltung der Lehrtätigkeit in der Luftfahrttechnik in Großbritannien
1956, 92 Seiten, 16 Abb., kartoniert, DM 4,65

HEFT 52 a

Dr. D. C. Martin, London
Geschichte und Organisation der Royal Society
Dr. A. J. A. Roux, Südafrikanische Union
Probleme der wissenschaftlichen Forschung in der Südafrikanischen Union
1958, 64 Seiten, 9 Abb., kartoniert, DM 3,75

HEFT 53

Prof. Dr.-Ing. Georg Schnadel, Hamburg
Forschungsaufgaben zur Untersuchung der Festigkeitsprobleme im Schiffsbau
Prof. Dipl.-Ing. Wilhelm Sturtzel, Duisburg
Forschungsaufgaben zur Untersuchung der Widerstandsprobleme im Schiffsbau
1957, 54 Seiten, 13 Abb., kartoniert, DM 3,20

HEFT 53 a

Prof. Giovanni Lampariello, Rom
Von Galilei zu Einstein
1956, 92 Seiten, kartoniert, DM 4,20

HEFT 54

Direktor Dr. Walter Dieminger, Lindau/Harz
Ionosphäre und drahtloser Weitverkehr
1958, 64 Seiten, 34 Abb., kartoniert, DM 5,50

HEFT 54 a

Sir John Cockcroft, London
Die friedliche Anwendung der Kernenergie
1956, 42 Seiten, 26 Abb., kartoniert, DM 3,—

HEFT 55

Prof. Dr.-Ing. Fritz Schultz-Grunow, Aachen
Das Kriechen und Fließen hochzäher und plastischer Stoffe
Prof. Dr.-Ing. Hans Ebner, Aachen
Wege und Ziele der Festigkeitsforschung besonders im Hinblick auf den Leichtbau
in Vorbereitung

HEFT 56

Prof. Dr. Ernst Derra, Düsseldorf
Der Entwicklungsstand der Herzchirurgie
Prof. Dr. Gunther Lehmann, Dortmund
Muskelarbeit und Muskelermüdung in Theorie und Praxis
1956, 102 Seiten, 49 Abb., kartoniert, DM 6,90

HEFT 57

Prof. Dr. Theodor von Kármán, Pasadena
Freiheit und Organisation in der Luftfahrtforschung
Staatssekretär Prof. Dr. h. c. Leo Brandt, Düsseldorf
Bericht über den Wiederaufbau deutscher Luftfahrtforschung
in Vorbereitung

HEFT 58

Prof. Dr. Fritz Schröter, Ulm
Neue Forschungs- und Entwicklungsrichtungen im Fernsehen
Prof. Dr. Albert Narath, Berlin
Der gegenwärtige Stand der Filmtechnik
1957, 116 Seiten, 46 Abb., kartoniert, DM 6,95

HEFT 59

Prof. Dr. Richard Courant, New York
Die Bedeutung der modernen mathematischen Rechenmaschinen für mathematische Probleme der Hydrodynamik und Reaktortechnik
Prof. Dr. Ernst Peschl, Bonn
Die Rolle der komplexen Zahlen in der Mathematik und die Bedeutung der komplexen Analysis
1957, 77 Seiten, 3 Abb., kartoniert, DM 4,85

HEFT 60

Prof. Dr. Wolfgang Flaig, Braunschweig
Grundlagenforschung auf dem Gebiet des Humus und der Bodenfruchtbarkeit
Prof. Dr. Dr. Eduard Mückenhausen, Bonn
Typologische Bodenentwicklung und Bodenfruchtbarkeit
1956, 112 Seiten, 36 Abb., kartoniert, DM 11,25

HEFT 61

Prof. Dr. W. Georgii, München
Aerophysikalische Flugforschung
Dr. Klaus Oswatitsch, Aachen
Gelöste und ungelöste Probleme der Gasdynamik
1957, 64 Seiten, 35 Abb., kartoniert, DM 5,40

HEFT 62

Prof. Dr. Adolf Butenandt, Tübingen
Über die Analyse der Erbfaktorenwirkung und ihre Bedeutung für biochemische Fragestellungen
Prof. Dr. J. Straub, Köln
Quantitative Genwirkung bei Polyploiden
in Vorbereitung

HEFT 63

Prof. Dr. Oskar Morgenstern, Princeton
Der theoretische Unterbau der Wirtschaftspolitik
1957, 32 Seiten, kartoniert, DM 2,10

HEFT 64

Prof. Dr. Bernhard Rensch, Münster
Die stammesgeschichtliche Sonderstellung des Menschen
1957, 60 Seiten, 5 Abb., kartoniert, DM 2,95

HEFT 65

Prof. Dr. Wilhelm Tönnis, Köln
Die neuzeitliche Behandlung frischer Schädelhirnverletzungen
1958, 50 Seiten, 16 Abb., kartoniert, DM 4,30

HEFT 65 a

Prof. Dr. Siegfried Strugger, Münster
Die elektronenmikroskopische Darstellung der Feinstruktur des Protoplasmas mit Hilfe der Uranylmethode und die zukünftige Bedeutung dieser Methodik für die Erforschung der Strahlenwirkung
in Vorbereitung

HEFT 66

Prof. Dr. Wilhelm Fucks, Aachen
Bildliche Darstellung der Verteilung und der Bewegung von radioaktiven Substanzen im Raum, insbesondere von biologischen Objekten (Physikalischer Teil)
Prof. Dr. Hugo Wilhelm Knipping, Köln, und Oberarzt Dr. E. Liese, Köln
Bildgebung von Radioisotopenelementen im Raum bei bewegten Objekten (Herz und Lunge etc) (Medizinischer Teil)
in Vorbereitung

HEFT 67

Prof. Friedrich Paneth F. R. S., Mainz
Die Bedeutung der Isotopenforschung für geochemische und kosmochemische Probleme
Prof. Dr. J. Hans D. Jensen und
Dipl.-Phys. H. A. Weidenmüller, Heidelberg
Die Nichterhaltung der Parität
1958, 64 Seiten, kartoniert, DM 3,60

HEFT 67 a

M. Le Haut Commissaire Francis Perrin
Die Verwendung der Atomenergie für industrielle Zwecke
1958, 39 Seiten, 22 Abb., kartoniert, DM 3,90

HEFT 68

Prof. Dr. Hans Lorenz, Berlin
Forschungsergebnisse auf dem Gebiete der Bodenmechanik als Wegbereiter für neue Gründungsverfahren
Prof. Dr. Georg Garbotz, Aachen
Die Bedeutung der Baumaschinen- und Baubetriebsforschung für die Praxis (Aufgaben und Ergebnisse)
1958, 128 Seiten, 90 Abb., kartoniert, DM 11,—

HEFT 69

M. Maurice Roy, Châtillon
Recherche aéronautique française et perspectives européennes
Prof. Dr. Alexander Naumann, Aachen
Methoden und Ergebnisse der Windkanalforschung
1958, 90 Seiten, 71 Abb., kartoniert, DM 7,50

HEFT 69 a

Prof. Dr. H. W. Melville, London
Die Anwendung von radioaktiven Isotopen und hoher Energiestrahlung in der polymeren Chemie
1958, 32 Seiten, 5 Abb., kartoniert, DM 2,10

HEFT 70

Prof. Dr. E. Justi, Braunschweig
Elektrothermische Kühlung und Heizung. Grundlagen und Möglichkeiten
Prof. Dr. Richard Vieweg, Braunschweig
Maß und Messen in Geschichte und Gegenwart
1958, 182 Seiten, 124 Abb., kartoniert, DM 15,50

HEFT 71

Prof. Dr. F. Baade, Kiel
Gesamtdeutschland und die Integration Europas
Prof. Dr. G. Schmölders, Köln
Ökonomische Verhaltensforschung
1957, 69 Seiten, kartoniert, DM 3,90

HEFT 72

Prof. Dr.-Ing Wilhelm Fucks, Aachen
Hochtemperaturplasma (Magnetohydrodynamik) und Kernfusion
Dr. Hermann Jordan, Aachen
Neutronenbremsung und Diffusion im Kernreaktor, veranschaulicht an einem Modell
in Vorbereitung

HEFT 73

Prof. Dr. A. Gustafson, Stockholm
Mutationen und Mutationsrichtung
Prof. Dr. J. Straub, Köln
Die Wirkung ionisierender Strahlung beim Mutationsprozeß
in Vorbereitung

HEFT 73 a

Staatssekretär Prof. Dr. h. c. Dr. E. h. Leo Brandt, Düsseldorf
Das Atom-Forschungszentrum des Landes Nordrhein-Westfalen
in Vorbereitung

HEFT 74

Prof. Dr.-Ing. Martin Kersten, Aachen
Neuere Versuche zur physikalischen Deutung technischer Magnetisierungsvorgänge
Professor Dr. rer.-nat. Günther Leibfried, Aachen
Zur Theorie idealer Kristalle
1958, 64 Seiten, 23 Abb., kartoniert, DM 4,50

HEFT 75

Prof. Dr. W. Klemm, Münster
Neue Wertigkeitsstufen bei den Übergangselementen
Prof. Dr.-Ing. H. Zahn, Aachen
Die Wollforschung in Chemie und Physik von heute
in Vorbereitung

HEFT 76

Prof. Dr. H. Cartan, Paris
Nicolas Bourbaki und die heutige Mathematik
in Vorbereitung

HEFT 76 a

Prof. Dr. H. Cramér, Stockholm
Über einige Klassen von stokastischen Prozessen und ihre Anwendung in Statistik und Versicherungstechnik
in Vorbereitung

HEFT 77

Prof. Dr. Georg Melchers, Tübingen
Die Bedeutung der Virusforschung für die moderne Genetik
Prof. Dr. Alfred Kühn, Tübingen
Über die Wirkungsweise von Erbfaktoren
in Vorbereitung

HEFT 78

Dr. Fréderic Ludwig, Scalay
Experimentelle Studien über indirekte Strahlenwirkungen (effets à distance) in bestrahlten Metazoen
Prof. A. H. W. Aten jr., Amsterdam
Die Anwendung radioaktiver Isotope in der chemischen Forschung
in Vorbereitung

HEFT 79

Prof. Dr. H. H. Inhoffen, Braunschweig
Chemische Übergänge von Gallensäuren in cancerogene Stoffe und ihre möglichen Beziehungen zum Krebsproblem
Prof. Dr. Rudolf Danneel, Bonn
Entstehung, Bau und Funktion der Mitochondrien
in Vorbereitung

HEFT 80

Prof. Dr. Max Born, Bad Pyrmont
Der Realitätsbegriff in der Physik
in Vorbereitung

HEFT 81

Prof. Dr. Joachim Wüstenberg, Gelsenkirchen
Der gegenwärtige ärztliche Standpunkt zum Problem der Beeinflussung der Gesundheit durch Luftverunreinigungen
in Vorbereitung

HEFT 82

Prof. Dr. Heinrich Kaiser, Dortmund
Fünf Jahre Arbeit des Instituts für Spektrochemie und angewandte Spektroskopie
Aufbau — Entwicklung — Ergebnisse — Pläne
Dipl.-Ing. Paul Schmidt, München
Periodisch wiederholte Zündungen durch Stoßwellen
in Vorbereitung

18 NEUE FORSCHUNGSSTELLEN
im Land Nordrhein-Westfalen
1954, 176 Seiten, 70 Abb., kartoniert, DM 10,—

JAHRESFEIER 1955

Prof. Dr. Josef Pieper, Münster
Über den Philosophie-Begriff Platons
Prof. Dr. Walter Weizel, Bonn
Die Mathematik und die physikalische Realität
1955, 62 Seiten, kartoniert, DM 2,90

JAHRESFEIER 1956

Prof. Dr. Gunther Lehmann, Dortmund
Arbeit bei hohen Temperaturen
Prof. Dr. Hans Kauffmann, Köln
Italienische Frührenaissance
1957, 58 Seiten, 12 Abb., kartoniert, DM 3,50

WISSENSCHAFT IN NOT

Staatssekretär Prof. Dr. Leo Brandt, Düsseldorf
Wissenschaft in Not
Prof. Dr. Ulrich Scheuner, Bonn
Probleme der Hochschullehrerbesoldung
Prof. Dr. Eugen Flegler, Aachen
Fragen des Hochschulhaushaltes
Prof. Dr. Siegfried Strugger, Münster
Entwicklung der Naturwissenschaften und die Frage des ständigen Etats der Institute
1957, 84 Seiten, kartoniert, DM 3,55

JAHRESFEIER 1957

Prof. Dr. Walter Kikuth, Düsseldorf
Die Infektionskrankheiten im Spiegel historischer und neuzeitlicher Betrachtungen
Prof. Dr. Josef Kroll, Köln
Der Gott Hermes
in Vorbereitung

GEISTESWISSENSCHAFTEN

HEFT 1
Prof. Dr. Werner Richter, Bonn
Die Bedeutung der Geisteswissenschaften für die Bildung unserer Zeit
Prof. Dr. Joachim Ritter, Münster
Die aristotelische Lehre vom Ursprung und Sinn der Theorie
1953, 64 Seiten, kartoniert, DM 2,90

HEFT 2
Prof. Dr. Josef Kroll, Köln
Elysium
Prof. Dr. Günther Jachmann, Köln
Die vierte Ekloge Vergils
1953, 72 Seiten, kartoniert, DM 2,90

HEFT 3
Prof. Dr. Hans Erich Stier, Münster
Die klassische Demokratie
1954, 100 Seiten, kartoniert, DM 4,50

HEFT 4
Prof. Dr. Werner Caskel, Köln
Lihyan und Lihyanisch. Sprache und Kultur eines früharabischen Königreiches
1954, 168 Seiten, 6 Abb., kartoniert, DM 8,25

HEFT 5
Prof. Dr. Thomas Ohm, Münster
Stammesreligionen im südlichen Tanganyika-Territorium
1953, 80 Seiten, 25 Abb., kartoniert, DM 8,—

HEFT 6
Prälat Prof. Dr. Dr. h. c. Georg Schreiber, Münster
Deutsche Wissenschaftspolitik von Bismarck bis zum Atomwissenschaftler Otto Hahn
1954, 102 Seiten, 7 Abb., kartoniert, DM 5,—

HEFT 7
Prof. Dr. Walter Holtzmann, Bonn
Das mittelalterliche Imperium und die werdenden Nationen
1953, 28 Seiten, kartoniert, DM 1,30

HEFT 8
Prof. Dr. Werner Caskel, Köln
Die Bedeutung der Beduinen in der Geschichte der Araber
1954, 44 Seiten, kartoniert, DM 2,—

HEFT 9
Prälat Prof. Dr. Dr. h. c. Georg Schreiber, Münster
Irland im deutschen und abendländischen Sakralraum
1956, 128 Seiten, 20 Abb., kartoniert, DM 9,—

HEFT 10
Prof. Dr. Peter Rassow, Köln
Forschungen zur Reichsidee im 16. und 17. Jahrhundert
1955, 32 Seiten, kartoniert, DM 1,50

HEFT 11
Prof. Dr. Hans Erich Stier, Münster
Roms Aufstieg zur Weltmacht und die griechische Welt
1957, 220 Seiten, kartoniert, DM 10,20

HEFT 12
Prof. Dr. Karl Heinrich Rengstorf, Münster
Mann und Frau im Urchristentum
Prof. Dr. Hermann Conrad, Bonn
Grundprobleme einer Reform des Familienrechts
1954, 106 Seiten, kartoniert, DM 4,50

HEFT 13
Prof. Dr. Max Braubach, Bonn
Der Weg zum 20. Juli 1944
1953, 48 Seiten, kartoniert, DM 2,20

HEFT 14
Prof. Dr. Paul Hübinger, Münster
Das deutsch-französische Verhältnis und seine mittelalterlichen Grundlagen
in Vorbereitung

HEFT 15
Prof. Dr. Franz Steinbach, Bonn
Der geschichtliche Weg des wirtschaftenden Menschen in die soziale Freiheit und politische Verantwortung
1954, 76 Seiten, kartoniert, DM 2,90

HEFT 16
Prof. Dr. Josef Koch, Köln
Die Ars coniecturalis des Nikolaus von Cues
1956, 56 Seiten, 2 Abb., kartoniert, DM 2,90

HEFT 17
Prof. Dr. James Conant,
Staatsbürger und Wissenschaftler
Prof. D. Karl Heinrich Rengstorf, Münster
Antike und Christentum
1953, 48 Seiten, 2 Abb., kartoniert, DM 2,90

HEFT 18
Prof. Dr. Richard Alewyn, Köln
Klopstocks Publikum
in Vorbereitung

HEFT 19
Prof. Dr. Fritz Schalk, Köln
Das Lächerliche in der französischen Literatur des Ancien Régime
1954, 42 Seiten, kartoniert, DM 2,—

HEFT 20
Prof. Dr. Ludwig Raiser, Bad Godesberg
Rechtsfragen der Mitbestimmung
1954, 48 Seiten, kartoniert, DM 2,—

HEFT 21
Prof. D. Martin Noth, Bonn
Das Geschichtsverständnis der alttestamentlichen Apokalyptik
1953, 36 Seiten, kartoniert, DM 1,60

HEFT 22
Prof. Dr. Walter F. Schirmer, Bonn
Glück und Ende der Könige in Shakespeares Historien
1954, 32 Seiten, kartoniert, DM 1,50

HEFT 23
Prof. Dr. Günther Jachmann, Köln
Der homerische Schiffskatalog und die Ilias
erscheint als Wissenschaftliche Abhandlung

HEFT 24
Prof. Dr. Theodor Klauser, Bonn
Die römische Petrustradition im Lichte der neuen Ausgrabungen unter der Peterskirche
1956, 144 Seiten, 3 Falttafeln, 37 Abb., kartoniert, DM 9,30

HEFT 25
Prof. Dr. Hans Peters, Köln
Die Gewaltentrennung in moderner Sicht
1955, 48 Seiten, kartoniert, DM 2,20

HEFT 26
Prof. Dr. Fritz Schalk, Köln
Calderon und die Mythologie
in Vorbereitung

HEFT 27
Prof. Dr. Josef Kroll, Köln
Vom Leben geflügelter Worte
erscheint als Wissenschaftliche Abhandlung

HEFT 28
Prof. Dr. Thomas Ohm, Münster
Die Religionen in Asien
1954, 50 Seiten, 4 Abb., kartoniert, DM 5,—

HEFT 29
Prof. Dr. Johann Leo Weisgerber, Bonn
Die Ordnung der Sprache im persönlichen und öffentlichen Leben
1955, 64 Seiten, kartoniert, DM 2,90

HEFT 30
Prof. Dr. Werner Caskel, Köln
Entdeckungen in Arabien
1954, 44 Seiten, kartoniert, DM 2,—

HEFT 31
Prof. Dr. Max Braubach, Bonn
Entstehung und Entwicklung der landesgeschichtlichen Bestrebungen und historischen Vereine im Rheinland
1955, 32 Seiten, kartoniert, DM 1,60

HEFT 32
Prof. Dr. Fritz Schalk, Köln
Somnium und verwandte Wörter in den romanischen Sprachen
1955, 48 Seiten, 3 Abb., kartoniert, DM 2,50

HEFT 33
Prof. Dr. Friedrich Dessauer, Frankfurt a. M.
Erbe und Zukunft des Abendlandes
1956, 32 Seiten, kartoniert, DM 1,80

HEFT 34
Prof. Dr. Thomas Ohm, Münster
Ruhe und Frömmigkeit
1955, 128 Seiten, 30 Abb., kartoniert, DM 8,—

HEFT 35
Prof. Dr. Hermann Conrad, Bonn
Die mittelalterliche Besiedlung des deutschen Ostens und das Deutsche Recht
1955, 40 Seiten, kartoniert, DM 2,—

HEFT 36
Prof. Dr. Hans Sckommodau, Köln
Die religiösen Dichtungen Margaretes von Navarra
1955, 172 Seiten, kartoniert, DM 7,20

HEFT 37
Prof. Dr. Herbert von Einem, Bonn
Der Mainzer Kopf mit der Binde
1955, 88 Seiten, 40 Abb., kartoniert, DM 6,—

HEFT 38
Prof. Dr. Joseph Höffner, Münster
Statik und Dynamik in der scholastischen Wirtschaftsethik
1955, 48 Seiten, kartoniert, DM 2,20

HEFT 39
Prof. Dr. Fritz Schalk, Köln
Diderots Essai über Claudius und Nero
1956, 40 Seiten, kartoniert, DM 2,25

HEFT 40
Prof. Dr. Gerhard Kegel, Köln
Probleme des internationalen Enteignungs- und Währungsrechts
1956, 62 Seiten, kartoniert, DM 2,85

HEFT 41
Prof. Dr. Johann Leo Weisgerber, Bonn
Die Grenzen der Schrift — Der Kern der Rechtschreibreform
1955, 72 Seiten, kartoniert, DM 3,25

HEFT 42
Prof. Dr. Richard Alewyn, Köln
Von der Empfindsamkeit zur Romantik
in Vorbereitung

HEFT 43
Prof. Dr. Theodor Schieder, Köln
Die Probleme des Rapallo-Vertrages
1956, 108 Seiten, kartoniert, DM 4,80

HEFT 44
Prof. Dr. Andreas Rumpf, Köln
Stilphasen der spätantiken Kunst
1957, 100 Seiten, 189 Abb., kartoniert, DM 9,80

HEFT 45
Dr. Ulrich Luck, Münster
Kerygma und Tradition in der Hermeneutik Adolf Schlatters
1955, 136 Seiten, kartoniert, DM 6,15

HEFT 46
Prof. Dr. Walther Holtzmann, Rom
Das Deutsche Historische Institut in Rom
Prof. Dr. Graf Wolff von Metternich, Rom
Die Bibliotheca Hertziana und der Palazzo Zuccari
1955, 68 Seiten, 7 Abb., kartoniert, DM 3,50

HEFT 47
Prof. Dr. Harry Westermann, Münster
Person und Persönlichkeit im Zivilrecht
1957, 64 Seiten, kartoniert, DM 3,10

HEFT 48
Prof. Dr. Johann Leo Weisgerber, Bonn
Die Namen der Ubier
in Vorbereitung

HEFT 49
Prof. Dr. Friedrich Karl Schumann, Münster
Mythos und Technik
1958, 72 Seiten, kartoniert, DM 4,—

HEFT 50
Prof. D. Karl Heinrich Rengstorf, Münster
Die Anfänge des Diakonats
in Vorbereitung

HEFT 51

Prälat Prof. Dr. Dr. h. c. Georg Schreiber, Münster
Der Bergbau in Geschichte, Ethos und Sakralkultur
in Vorbereitung

HEFT 52

Prof. Dr. Hans J. Wolff, Münster
Die Rechtsgestalt der Universität
1956, 56 Seiten, kartoniert, DM 2,65

HEFT 53

Prof. Dr. Heinrich Vogt, Bonn
Schadenersatzprobleme im Verhältnis von Haftungsgrund und Schaden
in Vorbereitung

HEFT 54

Prof. Dr. Max Braubach, Bonn
Der Einmarsch der deutschen Truppen in die entmilitarisierte Zone am Rhein im März 1936. Ein Beitrag zur Vorgeschichte des zweiten Weltkrieges
1956, 48 Seiten, kartoniert, DM 2,40

HEFT 55

Prof. Dr. Herbert von Einem, Bonn
Die „Menschwerdung Christi" des Isenheimer Altars
1957, 42 Seiten, 13 Abb., kartoniert, DM 2,55

HEFT 56

Prof. Dr. Ernst Joseph Cohn, London
Der englische Gerichtstag
1956, 88 Seiten, kartoniert, DM 4,15

HEFT 57

Dr. Albert Woopen, Aachen
Die Zivilehe und der Grundsatz der Unauflöslichkeit der Ehe in der Entwicklung des italienischen Zivilrechts
1956, 88 Seiten, kartoniert, DM 4,—

HEFT 58

Prof. Dr. Karl Kerényi, Ascona
Die Herkunft der Dionysos-Religion nach dem heutigen Stand der Forschung
1956, 32 Seiten, kartoniert, DM 1,75

HEFT 59

Prof. Dr. Herbert Jankuhn, Kiel
Die Ausgrabungen in Haithabu und ihre Bedeutung für die Handelsgeschichte des frühen Mittelalters
1958, 62 Seiten, 8 Abb., kartoniert, DM 3,70

HEFT 60

Dr. Stephan Skalweit, Bonn
Edmund Burke und Frankreich
1956, 84 Seiten, kartoniert, DM 4,15

HEFT 61

Prof. Dr. Ulrich Scheuner, Bonn
Die Neutralität im heutigen Völkerrecht
in Vorbereitung

HEFT 62

Prof. Dr. Anton Moortgat, Berlin
Archäologische Forschungen der Max-Freiherr-von-Oppenheim-Stiftung im nördlichen Mesopotamien
1957, 32 Seiten, 11 Abb., kartoniert, DM 2,10

HEFT 63

Prof. Dr. Joachim Ritter, Münster
Hegel und die französische Revolution
1957, 126 Seiten, kartoniert, DM 6,60

HEFT 64

Prof. Dr. Hermann Conrad und
Prof. Dr. Carl Arnold Willemsen, Bonn
Die Konstitutionen von Melfi Friedrichs II. von Hohenstaufen (1231)
in Vorbereitung

HEFT 65

Prälat Prof. Dr. Dr. h. c. Georg Schreiber, Münster
Der Islam und das christliche Abendland
in Vorbereitung

HEFT 66

Prof. Dr. Werner Conze, Münster
Die Strukturgeschichte des technisch-industriellen Zeitalters als Aufgabe für Forschung und Unterricht *1957, 52 Seiten, kartoniert, DM 2,70*

HEFT 67

Prof. Dr. Gerhard Hess, Bad Godesberg
Zur Entstehung der „Maximen" La Rochefoucaulds
1957, 44 Seiten, kartoniert, DM 2,30

HEFT 68

Prof. Dr. Fritz Schalk, Köln
Poetica de Aristoteles traducida de latin. Illustrada y commentada por Juan Pablo Martiz Rizo (erste kritische Ausgabe des spanischen Textes)
in Vorbereitung

HEFT 69

Prof. Dr. Ernst Langlotz, Bonn
Perseus. Dokumentation der Wiedergewinnung eines Meisterwerkes der griechischen Plastik
in Vorbereitung

HEFT 70

Prof. Dr. Erich Boehringer, Berlin
Der Aufbau des Deutschen Archäologischen Instituts
in Vorbereitung

HEFT 71

Dr. Josef Wintrich, Karlsruhe
Zur Problematik der Grundrechte
1957, 62 Seiten, kartoniert, DM 3,25

HEFT 72

Prof. Dr. Josef Pieper, Münster
Über den Begriff der Tradition
1957, 66 Seiten, kartoniert, DM 3,70

HEFT 73

Prof. Dr. Walter F. Schirmer, Bonn
Die frühen Darstellungen des Arthurstoffes
1958, 98 Seiten, kartoniert, DM 5,—

HEFT 74

Prof. William L. Prosser, Berkeley
Kausalzusammenhang und Fahrlässigkeit
1958, 58 Seiten, kartoniert, DM 3,40

HEFT 75

Prof. Dr. Leo Weisgerber, Bonn
Verschiebungen in der sprachlichen Einschätzung von Menschen und Sachen
erschienen 1958 als Wissenschaftliche Abhandlung, Band 2

HEFT 76

Prof. Walter H. Bruford, Cambridge
Fürstin Gallitzin und Goethe. Das Selbstvervollkommnungsideal und seine Grenzen
1957, 44 Seiten, 1 Abb., kartoniert, DM 2,60

HEFT 77

Prof. Dr. Hermann Conrad, Bonn
Die geistigen Grundlagen des Allgemeinen Landrechts für die preußischen Staaten von 1794
1958, 66 Seiten, kartoniert, DM 3,55

HEFT 78

Prof. Dr. Herbert von Einem, Bonn
Asmus Jacob Carstens, Die Nacht mit ihren Kindern
1958, 64 Seiten, 24 Abb., kartoniert, DM 5,—

HEFT 79

Prof. Dr. P. Gieseke, Bad Godesberg
Eigentum und Grundwasser
1959, 44 Seiten, kartoniert

HEFT 80

Prof. Dr. Dr. Werner Richter, Bonn
Wissenschaft und Geist in der Weimarer Republik
1958, 44 Seiten, kartoniert, DM 2,60

HEFT 81

Prof. Dr. J. Leo Weisgerber, Bonn
Sprachenrecht und europäische Einheit

JAHRESFEIER 1955

Prof. Dr. Josef Pieper, Münster
Über den Philosophie-Begriff Platons
Prof. Dr. Walter Weizel, Bonn
Die Mathematik und die physikalische Realität
1955, 62 Seiten, kartoniert, DM 2,90

JAHRESFEIER 1956

Prof. Dr. Gunther Lehmann, Dortmund
Arbeit bei hohen Temperaturen
Prof. Dr. Hans Kauffmann, Köln
Italienische Frührenaissance
1957, 58 Seiten, 12 Abb., kartoniert, DM 3,50

WISSENSCHAFT IN NOT

Staatssekretär Prof. Dr. Leo Brandt, Düsseldorf
Wissenschaft in Not
Prof. Dr. Ulrich Scheuner, Bonn
Probleme der Hochschullehrerbesoldung
Prof. Dr. Eugen Flegler, Aachen
Fragen des Hochschulhaushalts
Prof. Dr. Siegfried Strugger, Münster
Entwicklung der Naturwissenschaften und die Frage des ständigen Etats der Institute
1957, 84 Seiten, kartoniert, DM 3,55

JAHRESFEIER 1957

Prof. Dr. Walter Kikuth, Düsseldorf
Die Infektionskrankheiten im Spiegel historischer und neuzeitlicher Betrachtungen
Prof. Dr. Josef Kroll, Köln
Der Gott Hermes
in Vorbereitung

WISSENSCHAFTLICHE ABHANDLUNGEN

BAND 1
Dr. Wolfgang Priester, Dr. Hans Gerhard Bennewitz, Peter Lengrüßer, Bonn
Radio-Beobachtungen des ersten künstlichen Erdsatelliten
1958, 46 Seiten, 21 Abb., Ganzleinen, DM 8,50

BAND 2
Professor Dr. Leo Weisgerber, Bonn
Verschiebungen in der sprachlichen Einschätzung von Menschen und Sachen
1958, 186 Seiten, Ganzleinen DM 14,—
kartoniert DM 11,80

BAND 3
Dr. Erich Meuthen, Marburg
Die letzten Jahre des Nikolaus von Kues
1958, 346 Seiten, Ganzleinen, DM 28,—

BAND 4
Dr. Hans Georg Kirchhoff, Rommerskirchen
Die staatliche Sozialpolitik im Ruhrbergbau 1871—1914
1958, 180 Seiten, Ganzleinen DM 12,80
kartoniert DM 10,50

BAND 5
Prof. Dr. Günther Jachmann, Köln
Der homerische Schiffskatalog und die Ilias
1958, 342 Seiten, Ganzleinen DM 35,70

BAND 6
Prof. Dr. Peter Hartmann, Münster
Das Wort als Name
1958, 100 Seiten, Ganzleinen DM 9,50
kartoniert DM 7,—

BAND 7
Prof. Dr. Anton Moortgat, Berlin
Archäologische Forschungen der Max Freiherr von Oppenheim-Stiftung im nördlichen Mesopotamien 1956
in Vorbereitung

BAND 8
Dr. Wolfgang Priester und Gerhard Hergenhahn, Bonn
Bahnbestimmung von Erdsatelliten aus Doppler-Effekt-Messungen
1958, 52 Seiten, 11 Abb., Ganzleinen DM 8,—
kartoniert DM 6,20

BAND 9
Prof. Dr. Harry Westermann, Münster
Welche gesetzlichen Maßnahmen zur Luftreinhaltung und zur Verbesserung des Nachbarrechts sind erforderlich?
1958, 88 Seiten, Ganzleinen DM 8,20
kartoniert DM 6,40

Prof. Dr. Josef Kroll, Köln
Vom Leben geflügelter Worte
in Vorbereitung

Prälat Prof. Dr. Dr. h. c. Georg Schreiber, Münster
Die Wochentage im Erlebnis der Ostkirche und des christlichen Abendlandes
in Vorbereitung

Prof. Dr. Hermann Conrad und Gerd Kleinheyer
Carl Gottlieb Svarez 1746—1796. Vorträge über Recht und Staat
in Vorbereitung

GPSR Compliance
The European Union's (EU) General Product Safety Regulation (GPSR) is a set of rules that requires consumer products to be safe and our obligations to ensure this.

If you have any concerns about our products, you can contact us on

ProductSafety@springernature.com

In case Publisher is established outside the EU, the EU authorized representative is:

Springer Nature Customer Service Center GmbH
Europaplatz 3
69115 Heidelberg, Germany

www.ingramcontent.com/pod-product-compliance
Lightning Source LLC
LaVergne TN
LVHW082053051026
849532LV00011B/3584
9783322981424